Das Erste Rumänische Lesebuch für Anfänger

Drakula Arefu

Das Erste Rumänische Lesebuch für Anfänger
Zweisprachig mit Rumänisch-deutscher Übersetzung
Stufen A1 A2

Das Erste Rumänische Lesebuch für Anfänger
von Drakula Arefu

Audiodateien: www.lppbooks.com/Romanian/FirstRomanianReader_audio/
Homepage: www.audiolego.com

Umschlaggestaltung: Audiolego Design
Umschlagfoto: Canstockphoto

3. Ausgabe
Copyright © 2015 2018 Language Practice Publishing
Copyright © 2015 2018 Audiolego
Alle Rechte vorbehalten. Das Werk ist urheberrechtlich geschützt.

Inhaltsverzeichnis

Das rumänische Alphabet 7

So steuern Sie die Geschwindigkeit der Audiodateien 8

Anfänger Stufe A1 9

Capitol 1 Robert are un câine 10

Capitol 2 Ei locuiesc în San Francisco (SUA) 13

Capitol 3 Ei sunt germani? 16

Capitol 4 Mă poți ajuta, te rog? 19

Capitol 5 Robert locuiește în SUA acum 22

Capitol 6 Robert are mulți prieteni 25

Capitol 7 David cumpără o bicicletă 28

Capitol 8 Linda vrea să cumpere un DVD nou 30

Capitol 9 Paul ascultă muzică germană 32

Capitol 10 Paul cumpără manuale despre design 35

Capitol 11 Robert vrea să câștige niște bani (partea 1) 38

Capitol 12 Robert vrea să câștige niște bani (partea 2) 41

Fortgeschrittene Anfänger Stufe A2 45

Capitol 13 Numele hotelului 46

Capitol 14 Aspirină 48

Capitol 15 Nancy și cangurul 51

Capitol 16 Parașutiștii 54

Capitol 17 Oprește gazul! 58

Capitol 18 O agenție pentru ocuparea forței de muncă 61

Capitol 19 David și Robert spală camionul (partea 1) 64

Capitol 20 David și Robert spală camionul (partea 2) 67

Capitol 21 O lecție 70

Capitol 22 Paul lucrează la o editură 73

Capitol 23 Reguli pentru pisici 76

Capitol 24 Munca în echipă 79

Capitol 25 Robert și David sunt în căutarea unui nou loc de muncă 82

Capitol 26 Candidatura la San Francisco News 86

Capitol 27 Patrula poliției (partea 1) 90

Capitol 28 Patrula poliției (partea 2) 95

Capitol 29 Școală pentru studenții străini (ȘSS) și au pair 99

Wörterbuch Rumänisch-Deutsch 103

Wörterbuch Deutsch-Rumänisch 114

Buchtipps 125

Das rumänische Alphabet

Folgende Tabelle stellt die rumänischen Buchstaben dar, deren Aussprache sich von den deutschen unterscheidet.

Buchstabe	IPA	Aussprache im Deutschen
ă	ə, ɐ	Ungerundeter halboffener Zentralvokal, annähernd wie das „e" im dt. „hatte"
â	ɨ	hat in der deutschen Sprache keine Entsprechung (Kann akustisch einem *ü* wie in „Würze" nahekommen.)
c	k, tʃ	wie „k", aber vor e und i wie „tsch"
ch (vor e oder i)	k	weiches „k"
e	e	stets ein geschlossenes „e", wie in „Teer"
g	g, dʒ	wie „g", aber vor e und i wie stimmhaftes „dsch", wie im engl. „**g**eneral"
gh (vor e oder i)	g	„g" lediglich vor i,e, wie in „**G**ast"
h		ein sanfteres „ch" wie in „na**ch**"
i		unbetont am Ende eines Wortes fast unhörbar (palatalisiert), sonst „i"
î	ɨ	genau wie â
j	ʒ	stimmhaftes „sch" wie in „**J**ournalist"
r	r	das R wird gerollt
s	s	stimmloses „s", wie in „Ka**ss**e"
ș	ʃ	wie dt. „sch" in „Ti**sch**"
ț	ts	wie dt. „z" in „**Z**eit"
v	v	wie dt. „w" in „**W**as"
y	i	wie „i" (nur in Fremdwörtern)
z	z	stimmhaftes „s", wie in „**s**anft"

So steuern Sie die Geschwindigkeit der Audiodateien

Das Buch ist mit den Audiodateien ausgestattet. Die Adresse der Homepage des Buches, wo Audiodateien zum Anhören und Herunterladen verfügbar sind, ist am Anfang des Buches auf der bibliographischen Beschreibung vor dem Copyright-Hinweis aufgeführt.

Wir empfehlen Ihnen, den kostenlosen VLC-Mediaplayer zu verwenden, die Software, die zur Steuerung der Wiedergabegeschwindigkeit aller Audioformate verwendet werden kann. Die Steuerung der Geschwindigkeit ist auch einfach und erfordert nur wenige Klicks oder Tastatureingaben.

Android: Nach der Installation vom VLC Media Player klicken Sie auf die Audiodatei am Anfang eines Kapitels oder auf der Homepage des Buches, wenn Sie ein Papierbuch lesen. Wählen Sie "Open with VLC". Wenn Sie Schwierigkeiten beim Öffnen von Audiodateien mit VLC haben, ändern Sie die Standard-App für den Musik-Player. Gehen Sie zu Einstellungen→Apps, wählen Sie VLC und klicken Sie auf "Open by default" oder "Set default".

Kindle Fire: Nach der Installation vom VLC Media Player klicken Sie auf eine Audiodatei am Anfang eines Kapitels oder auf der Homepage des Buches, wenn Sie ein Papierbuch lesen. Wählen Sie "Complete action using →VLC".

iOS: Nach der Installation vom VLC Media Player kopieren Sie den Link zu der Audiodatei am Anfang eines Kapitels oder auf der Homepage des Buches, wenn Sie ein Papierbuch lesen, und fügen Sie ihn in den Download-Bereich des VLC Media Players ein. Nachdem der Download abgeschlossen ist, gehen Sie zu "Alle Dateien" und starten Sie die Audiodatei.

Windows: Starten Sie den VLC Media Player und klicken Sie auf die Audiodatei am Anfang eines Kapitels oder auf der Homepage des Buches, wenn Sie ein Papierbuch lesen. Gehen Sie nun in die Wiedergabe (Playback) und navigieren Sie die Geschwindigkeit.

MacOS: Starten Sie den VLC Media Player und klicken Sie auf die Audiodatei am Anfang eines Kapitels oder auf der Homepage des Buches, wenn Sie ein Papierbuch lesen. Nun, navigieren Sie zum Playback und öffnen die Optionen von Geschwindigkeit. Navigieren Sie die Geschwindigkeit.

Anfänger Stufe 1A

1

Robert are un câine
Robert hat einen Hund

Cuvinte
Vokabeln

1. a avea - haben; el / ea are - er / sie / es hat; El are o carte. - Er hat ein Buch.
2. acela - jener, jene, jenes
3. acesta - dieser, diese, dieses; această carte - dieses Buch
4. aceștia, aceia - diese, jene (pl.)
5. al lui - sein, seine; patul lui - sein Bett
6. al meu - mein, meine
7. albastru - blau
8. bicicletă - das Fahrrad
9. caiet de notițe - das Notizbuch
10. caiete de notițe - die Notizbücher
11. câine - der Hund
12. cameră - das Zimmer
13. camere - die Zimmer
14. carte - das Buch
15. cuvânt - das Wort, die Vokabel
16. cuvinte - die Wörter, die Vokabeln
17. drăguț - schön
18. ei - sie
19. el - er
20. eu - ich
21. fereastră - das Fenster
22. ferestre - die Fenster

23. hotel - das Hotel
24. hoteluri - die Hotels
25. magazin - der Laden
26. magazine - die Läden
27. mare - groß
28. masă - der Tisch
29. mese - die Tische
30. mic - klein
31. mult, multe - viel
32. nas - die Nase
33. negru - schwarz
34. nou - neu
35. nu - nein, nicht
36. ochi - das Auge, die Augen
37. parc - der Park
38. parcuri - die Parks
39. pat - das Bett
40. patru - vier
41. paturi - die Betten
42. pisică - die Katze
43. pix - der Stift
44. pixuri - die Stifte
45. și - auch, und
46. stea - der Stern
47. stradă - die Straße
48. străzi - die Straßen
49. student - der Student
50. studenți - die Studenten
51. text - der Text
52. unu - ein
53. verde - grün
54. vis - der Traum

B

Robert are un câine

1.Acest student are o carte. 2.El are și un pix.

3.San Francisco are multe străzi și parcuri.
4.Această stradă are hoteluri și magazine noi.
5.Acest hotel este de patru stele. 6.Acest hotel are multe camere mari și frumoase.

7.Acea cameră are multe ferestre. 8.Iar aceste camere nu au multe ferestre. 9.Aceste camere au patru paturi. 10.Iar acele camere au un pat. 11.Acea cameră nu are multe mese. 12.Iar acele camere au multe mese mari. 13.Această stradă nu are hoteluri. 14.Acest magazin mare are multe ferestre.

15.Acești studenți au caiete de notițe. 16.Ei au și pixuri. 17.Robert are un caiet de notițe mic și negru. 18.Paul are patru caiete de notițe noi și verzi. 19.Acest student are o bicicletă. 20.El are o bicicletă albastră nouă. 21.Și David are o bicicletă. 22.El are o bicicletă frumoasă și neagră. 23.Paul are un vis. 24.Și eu am un vis.

25.Eu nu am un câine. 26.Eu am o pisică. 27.Pisica mea are ochi verzi și drăgălași.

Robert hat einen Hund

1.Dieser Student hat ein Buch. 2.Er hat auch einen Stift.
3.San Francisco hat viele Straßen und Parks.
4.Diese Straße hat neue Hotels und Läden.
5.Dieses Hotel hat vier Sterne. 6.Dieses Hotel hat viele schöne, große Zimmer.

7.Jenes Zimmer hat viele Fenster. 8.Und diese Zimmer haben nicht viele Fenster. 9.Diese Zimmer haben vier Betten. 10.Und diese Zimmer haben ein Bett. 11.Jenes Zimmer hat nicht viele Tische. 12.Und diese Zimmer haben viele große Tische. 13.In dieser Straße sind keine Hotels. 14.Dieser große Laden hat viele Fenster.

15.Diese Studenten haben Notizbücher. 16.Sie haben auch Stifte. 17.Robert hat ein kleines schwarzes Notizbuch. 18.Paul hat vier neue grüne Notizbücher. 19.Dieser Student hat ein Fahrrad. 20.Er hat ein neues blaues Fahrrad. 21.David hat auch ein Fahrrad. 22.Er hat ein schönes schwarzes Fahrrad. 23.Paul hat einen Traum. 24.Ich habe auch einen Traum.

25.Ich habe keinen Hund. 26.Ich habe eine Katze. 27.Meine Katze hat schöne grüne Augen.

28.Robert nu are o pisică. 29.El are un câine. 30.Câinele lui are un nas mic şi negru.

28.Robert hat keine Katze. 29.Er hat einen Hund. 30.Sein Hund hat eine kleine schwarze Nase.

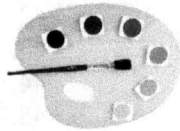

2

Ei locuiesc în San Francisco (SUA)
Sie wohnen in San Francisco (USA)

A

Cuvinte
Vokabeln

1. a cumpăra - kaufen
2. a trăi - leben, wohnen
3. acum - jetzt, zurzeit, gerade
4. american - Amerikaner
5. Canada - Kanada
6. canadian - Kanadier
7. din - aus; din SUA - aus den USA
8. doi - zwei
9. ea - sie
10. frate - der Bruder
11. german, germancă - der Deutsche, die Deutsche
12. în - in
13. înfometat - hungrig; Îmi este foame. - Ich habe Hunger.
14. magazin - der Supermarkt
15. mamă - die Mutter
16. mare - groß
17. noi - wir
18. oraş - die Stadt
19. sandviş - das Sandwich
20. soră - die Schwester
21. SUA - USA
22. tu - du

B

Ei locuiesc în San Francisco (SUA) | Sie wohnen in San Francisco (USA)

1. San Francisco este un oraș mare. 2. San Francisco se află în SUA.

3. Acesta este Robert. 4. Robert este student. 5. El este în San Francisco acum. 6. Robert este din Germania. 7. El este german. 8. Robert are o mamă, un tată, un frate și o soră. 9. Ei locuiesc în Germania.

10. Acesta este Paul. 11. Și Paul este student. 12. El este din Canada. 13. El este canadian. 14. Paul are o mamă, un tată și două surori. 15. Ei locuiesc în Canada.

16. Robert și Paul sunt la magazin acum. 17. Le este foame. 18. Ei cumpără sandvișuri.

19. Aceasta este Linda. 20. Linda este americancă. 21. Și Linda locuiește în San Francisco. 22. Ea nu este studentă.

23. Eu sunt student. 24. Sunt din Germania. 25. Sunt în San Francisco acum. 26. Nu mi-e foame.

27. Tu ești student. 28. Ești german. 29. Nu ești în Germania acum. 30. Ești în SUA.

31. Suntem studenți. 32. Suntem în SUA acum.

33. Aceasta este o bicicletă. 34. Bicicleta este albastră. 35. Bicicleta nu este nouă.

36. Acesta este un câine. 37. Câinele este negru. 38. Câinele nu este mare.

39. Acestea sunt magazine. 40. Magazinele nu sunt mari. 41. Sunt mici. 42. Acest magazin are multe ferestre. 43. Acele magazine nu au multe ferestre.

---

1. San Francisco ist eine große Stadt. 2. San Francisco ist in den USA.

3. Das ist Robert. 4. Robert ist Student. 5. Er ist zurzeit in San Francisco. 6. Robert kommt aus Deutschland. 7. Er ist Deutscher. 8. Robert hat eine Mutter, einen Vater, einen Bruder und eine Schwester. 9. Sie leben in Deutschland.

10. Das ist Paul. 11. Paul ist auch Student. 12. Er kommt aus Kanada. 13. Er ist Kanadier. 14. Paul hat eine Mutter, einen Vater und zwei Schwestern. 15. Sie leben in Kanada.

16. Robert und Paul sind gerade im Supermarkt. 17. Sie haben Hunger. 18. Sie kaufen Sandwiches.

19. Das ist Linda. 20. Linda ist Amerikanerin. 21. Linda wohnt auch in San Francisco. 22. Sie ist kein Student.

23. Ich bin Student. 24. Ich komme aus Deutschland. 25. Ich bin zurzeit in San Francisco. 26. Ich habe keinen Hunger.

27. Du bist Student. 28. Du bist Deutsche. 29. Du bist zurzeit nicht in Deutschland. 30. Du bist in den USA.

31. Wir sind Studenten. 32. Wir sind zurzeit in den USA.

33. Dies ist ein Fahrrad. 34. Das Fahrrad ist blau. 35. Das Fahrrad ist nicht neu.

36. Dies ist ein Hund. 37. Der Hund ist schwarz. 38. Der Hund ist nicht groß.

39. Dies sind Läden. 40. Die Läden sind nicht groß. 41. Sie sind klein. 42. Dieser Laden hat viele Fenster. 43. Jene Läden haben nicht viele Fenster.

44.Pisica este în cameră. 45.Aceste pisici nu sunt în cameră.

44.Die Katze ist im Zimmer. 45.Diese Katzen sind nicht im Zimmer.

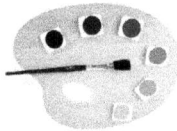

3

Ei sunt germani?
Sind sie Deutsche?

 A

Cuvinte
Vokabeln

1. al ei - ihr; cartea ei - ihr Buch
2. al nostru - unser
3. animal - das Tier
4. băiat - der Junge
5. bărbat - der Mann
6. cafenea - das Café
7. casă - das Haus
8. CD-player - der CD-Spieler
9. cum - wie
10. da - ja
11. femeie - die Frau
12. hartă - die Karte
13. la - am, beim
14. nu - nein
15. pe - auf
16. spaniol - spanisch
17. toți - alle
18. tu / voi - du / ihr
19. unde - wo

B

Ei sunt germani?

1
- Eu sunt băiat. Eu sunt în cameră.
- Ești american?
- Nu, nu sunt american. Sunt german.
- Ești student?
- Da, sunt student.

2
- Aceasta e o femeie. Și femeia este în cameră.
- Este germancă?
- Nu, ea nu este germancă. Ea e americancă.
- Este studentă?
- Nu, nu este studentă.
- Acesta este un bărbat. El este la masă.
- Este american?
- Da, este american.

3
- Aceștia sunt studenți. Ei sunt în parc.
- Sunt toți americani?
- Nu, nu sunt toți americani. Ei sunt din Germania, SUA și Canada.

4
- Aceasta este o masă. Este mare.
- Este nouă?
- Da, este nouă.

5
- Aceasta este o pisică. Este în cameră.
- Este neagră?
- Da, este. Este neagră și frumoasă.

6
- Acestea sunt biciclete. Ele sunt lângă casă.
- Sunt negre?
- Da, sunt negre.

7
- Ai un caiet de notițe?
- Da.
- Câte caiete de notițe ai?
- Am două caiete de notițe.

8
- Are un pix?
- Da.
- Câte pixuri are?

Sind sie Deutsche?

1
- *Ich bin ein Junge. Ich bin im Zimmer.*
- *Bist du Amerikaner?*
- *Nein, ich bin nicht Amerikaner. Ich bin Deutscher.*
- *Bist du Student?*
- *Ja, ich bin Student.*

2
- *Das ist eine Frau. Die Frau ist auch im Zimmer.*
- *Ist sie Deutsche?*
- *Nein, sie ist nicht Deutsche. Sie ist Amerikanerin.*
- *Ist sie Studentin?*
- *Nein, sie ist nicht Studentin.*
- *Das ist ein Mann. Er sitzt am Tisch.*
- *Ist er Amerikaner?*
- *Ja, er ist Amerikaner.*

3
- *Das sind Studenten. Sie sind im Park.*
- *Sind sie alle Amerikaner?*
- *Nein, sie sind nicht alle Amerikaner. Sie kommen aus Deutschland, den USA und Kanada.*

4
- *Das ist ein Tisch. Er ist groß.*
- *Ist er neu?*
- *Ja, er ist neu.*

5
- *Das ist eine Katze. Sie ist im Zimmer.*
- *Ist sie schwarz?*
- *Ja, das ist sie. Sie ist schwarz und schön.*

6
- *Das sind Fahrräder. Sie stehen beim Haus.*
- *Sind sie schwarz?*
- *Ja, sie sind schwarz.*

7
- *Hast du ein Notizbuch?*
- *Ja.*
- *Wie viele Notizbücher hast du?*
- *Ich habe zwei Notizbücher.*

8
- *Hat er einen Stift?*
- *Ja.*
- *Wie viele Stifte hat er?*

- Are un pix.

9

- Ea are o bicicletă?
- Da.
- Bicicleta ei este albastră?
- Nu, nu este albastră. Este verde.

10

- Ai o carte de spaniolă?
- Nu, nu am o carte de spaniolă. Nu am nicio carte.

11

- Ea are o pisică?
- Nu, nu are o pisică. Ea nu are niciun animal.

12

- Aveți un CD-player?
- Nu, nu avem un CD-player.

13

- Unde este harta noastră?
- Harta noastră este în cameră.
- Este pe masă?
- Da, este pe masă.

14

- Unde sunt băieții?
- Sunt în cafenea.
- Unde sunt bicicletele?
- Sunt în fața cafenelei.
- Unde este Paul?
- Și el este în cafenea.

- Er hat einen Stift.

9

- Hat sie ein Fahrrad?
- Ja.
- Ist ihr Fahrrad blau?
- Nein, es ist nicht blau. Es ist grün.

10

- Hast du ein spanisches Buch?
- Nein, ich habe kein spanisches Buch. Ich habe keine Bücher.

11

- Hat sie eine Katze?
- Nein, sie hat keine Katze. Sie hat kein Tier.

12

- Habt ihr einen CD-Spieler?
- Nein, wir haben keinen CD-Spieler.

13

- Wo ist unsere Karte?
- Unsere Karte ist im Zimmer.
- Liegt sie auf dem Tisch?
- Ja, sie liegt auf dem Tisch.

14

- Wo sind die Jungs?
- Sie sind im Café.
- Wo sind die Fahrräder?
- Sie stehen vor dem Café.
- Wo ist Paul?
- Er ist auch im Café.

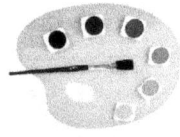

4

Mă puteți ajuta, vă rog?
Können Sie mir bitte helfen?

Cuvinte
Vokabeln

1. a citi - lesen
2. a învăța - lernen
3. a lua - nehmen
4. a merge - gehen; Eu merg la bancă. - Ich gehe zur Bank.
5. a mulțumi - danken; mulțumesc - danke
6. a permite - dürfen, können
7. a pune (pe un scaun, etc.) - setzen
8. a putea - können; Eu pot citi. - Ich kann lesen.
9. a scrie - schreiben
10. a se juca - spielen
11. a vorbi - sprechen
12. adresă - die Adresse
13. ajutor - die Hilfe; a ajuta - helfen
14. bancă - die Bank
15. dar - aber
16. loc - der Platz
17. nu trebuie să - nicht dürfen
18. pentru - für
19. te rog, vă rog - bitte
20. trebuie - müssen; Trebuie să plec. - Ich muss gehen.

B

Mă puteți ajuta, vă rog?	*Können Sie mir bitte helfen?*

1

- Mă puteți ajuta, vă rog?
- Da, pot.
- Nu pot să scriu adresa în engleză. O puteți scrie pentru mine?
- Da, pot.
- Mulțumesc.

2

- Știi să joci tenis?
- Nu, dar pot învăța. Mă poți ajuta să învăț?
- Da, te pot ajuta să înveți să joci tenis.
- Mulțumesc.

3

- Vorbești engleza?
- Pot vorbi și citi în engleză, dar nu pot scrie.
- Vorbești germana?
- Pot să vorbesc, să citesc și să scriu în germană.
- Poate și Linda să vorbească germana?
- Nu, nu poate. Este americancă.
- Ei vorbesc engleza?
- Da, puțin. Ei sunt studenți și învață engleza. Acest băiat nu vorbește engleza deloc.

4

- Unde sunt ei?
- Ei joacă tenis acum.
- Putem juca și noi?
- Da, putem.

5

- Unde este Robert?
- Poate că este la cafenea.

6

- Stați la această masă, vă rog.
- Mulțumesc. Îmi pot pune cărțile pe această masă?
- Da.
- Paul poate sta la această masă?
- Da, poate.

7

- Pot sta pe patul ei?
- Nu, nu poți.

1

- *Können Sie mir bitte helfen?*
- *Ja, das kann ich.*
- *Ich kann die Adresse nicht auf Englisch schreiben. Können Sie sie für mich schreiben?*
- *Ja, das kann ich.*
- *Danke.*

2

- *Kannst du Tennis spielen?*
- *Nein. Aber ich kann es lernen. Kannst du mir dabei helfen?*
- *Ja, ich kann dir helfen, Tennis spielen zu lernen.*
- *Danke.*

3

- *Sprichst du Englisch?*
- *Ich kann Englisch sprechen und lesen, aber nicht schreiben.*
- *Sprichst du Deutsch?*
- *Ich kann Deutsch sprechen, lesen und schreiben.*
- *Kann Linda auch Deutsch?*
- *Nein, sie kann kein Deutsch. Sie ist Amerikanerin.*
- *Sprechen sie Englisch?*
- *Ja, ein bisschen. Sie sind Studenten und lernen Englisch. Dieser Junge spricht kein Englisch.*

4

- *Wo sind sie?*
- *Sie spielen gerade Tennis.*
- *Können wir auch spielen?*
- *Ja, das können wir.*

5

- *Wo ist Robert?*
- *Er ist vielleicht im Café.*

6

- *Setzen Sie sich an diesen Tisch, bitte.*
- *Danke. Kann ich meine Bücher auf diesen Tisch legen?*
- *Ja.*
- *Darf Paul sich an seinen Tisch setzen?*
- *Ja, das darf er.*

7

- *Darf ich mich auf ihr Bett setzen?*
- *Nein, das darfst du nicht.*

- Linda poate să ia CD-player-ul lui?
- Nu. Ea nu poate să ia CD-player-ul lui.

8
- Pot lua ei harta ei?
- Nu, nu pot.

9
Tu nu ai voie să stai pe patul ei.
Ea nu are voie să ia CD-player-ul lui.
Ei nu au voie să ia aceste caiete de notițe.

10
- Trebuie să merg la bancă.
- Trebuie să mergi acum?
- Da.

11
- Trebuie să înveți germana?
- Nu trebuie să învăț germana. Trebuie să învăț engleza.

12
- Trebuie să meargă ea la bancă?
- Nu, nu trebuie să meargă la bancă.
- Pot lua această bicicletă?
- Nu, nu poți lua această bicicletă.
- Putem pune aceste caiete de notițe pe patul ei?
- Nu, nu puteți pune caietele de notițe pe patul ei.

- *Darf Linda seinen CD-Spieler nehmen?*
- *Nein, sie darf seinen CD-Spieler nicht nehmen.*

8
- *Dürfen sie ihre Karte nehmen?*
- *Nein, das dürfen sie nicht.*

9
Du darfst dich nicht auf ihr Bett setzen.
Sie darf seinen CD-Spieler nicht nehmen.
Sie dürfen diese Notizbücher nicht nehmen.

10
- *Ich muss zur Bank gehen.*
- *Musst du jetzt gehen?*
- *Ja.*

11
- *Musst du Deutsch lernen?*
- *Ich muss nicht Deutsch lernen. Ich muss Englisch lernen.*

12
- *Muss sie zur Bank gehen?*
- *Nein, sie muss nicht zur Bank gehen.*
- *Darf ich dieses Fahrrad nehmen?*
- *Nein, du darfst dieses Fahrrad nicht nehmen.*
- *Dürfen wir diese Notizbücher auf ihr Bett legen?*
- *Nein, ihr dürft die Notizbücher nicht auf ihr Bett legen.*

5

Robert locuiește în SUA acum
Robert wohnt jetzt in den USA

 A

Cuvinte
Vokabeln

1. a asculta - hören
2. a avea nevoie - brauchen
3. a bea - trinken
4. a lua micul dejun - frühstücken
5. a mânca - essen
6. a plăcea, a iubi - mögen, lieben
7. a vrea - wollen
8. acolo - dort, dorthin
9. bine - gut
10. câțiva, câteva - ein paar
11. ceai - der Tee
12. cinci - fünf
13. Eu ascult muzică. - Ich höre Musik.
14. fată - das Mädchen
15. fermă - der Bauernhof
16. mic dejun - das Frühstück
17. mobilă - die Möbel
18. muzică - die Musik
19. oameni - die Menschen
20. opt - acht
21. piață - der Platz
22. șapte - sieben
23. șase - sechs
24. scaun - der Stuhl
25. trei - drei
26. ziar - die Zeitung

B

Robert locuiește în SUA acum

1
Linda citește bine în engleză. Și eu citesc în engleză. Studenții merg în parc. Și ea merge în parc.

2
Noi trăim în San Francisco. Acum și Paul trăiește în San Francisco. Tatăl și mama lui trăiesc în Canada. Robert trăiește în San Francisco acum. Tatăl și mama lui trăiesc în Germania.

3
Studenții joacă tenis. Paul joacă bine. Robert nu joacă bine.

4
Noi bem ceai. Linda bea ceai verde. David bea ceai negru. Și eu beau ceai negru.

5
Eu ascult muzică. Și Sarah ascultă muzică. Îi place să asculte muzică bună.

6
Am nevoie de șase caiete de notițe. David are nevoie de șapte caiete de notițe. Linda are nevoie de opt caiete de notițe.

7
Sarah vrea să bea ceva. Și eu vreau să beau ceva. Paul vrea să mănânce ceva.

8
Pe masă este un ziar. Paul îl ia și citește. Lui îi place să citească ziare.

9
Este ceva mobilă în cameră. Sunt șase mese și șase scaune.

10
Sunt trei fete în cameră. Ele iau micul dejun.

11
Sarah mănâncă pâine și bea ceai. Ei îi place ceaiul verde.

12
Sunt câteva cărți pe masă. Ele nu sunt noi. Ele sunt vechi.

13
- Este o bancă pe strada aceasta?

Robert wohnt jetzt in den USA

1
Linda liest gut Englisch. Ich lese auch Englisch. Die Studenten gehen in den Park. Sie geht auch in den Park.

2
Wir wohnen in San Francisco. Paul wohnt jetzt auch in San Francisco. Sein Vater und seine Mutter leben in Kanada. Robert wohnt jetzt in San Francisco. Sein Vater und seine Mutter leben in Deutschland.

3
Die Studenten spielen Tennis. Paul spielt gut. Robert spielt nicht gut.

4
Wir trinken Tee. Linda trinkt grünen Tee. David trinkt schwarzen Tee. Ich trinke auch schwarzen Tee.

5
Ich höre Musik. Sarah hört auch Musik. Sie hört gerne gute Musik.

6
Ich brauche sechs Notizbücher. David braucht sieben Notizbücher. Linda braucht acht Notizbücher.

7
Sarah will etwas trinken. Ich will auch etwas trinken. Paul will etwas essen.

8
Dort liegt eine Zeitung auf dem Tisch. Paul nimmt sie und liest. Er liest gerne Zeitung.

9
Im Zimmer gibt es Möbel. Es gibt dort sechs Tische und sechs Stühle.

10
Es sind drei Mädchen im Zimmer. Sie frühstücken.

11
Sarah isst Brot und trinkt Tee. Sie mag grünen Tee.

12
Auf dem Tisch liegen ein paar Bücher. Sie sind nicht neu. Sie sind alt.

13
- Ist in dieser Straße eine Bank?
- Ja. Es gibt fünf Banken in dieser Straße. Sie

- Da, sunt cinci bănci pe strada aceasta. Nu sunt mari.

14
- Sunt oameni în piață?
- Da, sunt câțiva oameni în piață.

15
- Sunt biciclete în fața cafenelei?
- Da, sunt patru biciclete în fața cafenelei. Ele nu sunt noi.

16
- Este un hotel pe strada aceasta?
- Nu, nu sunt hoteluri pe strada aceasta.

17
- Sunt magazine mari pe strada aceasta?
- Nu, nu sunt magazine mari pe strada aceata.

18
- Sunt ferme în SUA?
- Da, sunt multe ferme în SUA.

19
- Este mobilă în acea cameră?
- Da, sunt patru mese și câteva scaune.

sind nicht groß.

14
- Sind Menschen auf dem Platz?
- Ja, auf dem Platz sind ein paar Menschen.

15
- Stehen Fahrräder vor dem Café?
- Ja, es stehen vier Fahrräder vor dem Café. Sie sind nicht neu.

16
- Gibt es in dieser Straße ein Hotel?
- Nein, es gibt keine Hotels in dieser Straße.

17
- Gibt es in dieser Straße große Läden?
- Nein, es gibt keine großen Läden in dieser Straße.

18
- Gibt es in den USA Bauernhöfe?
- Ja, es gibt viele Bauernhöfe in den USA.

19
- Sind Möbel in diesem Zimmer?
- Ja, es sind dort vier Tische und einige Stühle.

6

Robert are mulți prieteni
Robert hat viele Freunde

A

Cuvinte
Vokabeln

1. a avea mult de lucru - viel zu tun haben
2. a ști - kennen, wissen
3. a veni / a pleca - kommen / gehen
4. agenție - die Agentur
5. cafea - der Kaffee
6. calculator - der Computer
7. cartea lui David - Davids Buch
8. CD - die CD
9. cuptor - der Herd
10. curat - sauber
11. în - in
12. la fel - auch
13. liber - frei
14. mașină - das Auto
15. mult, multe - viel, viele
16. prieten - der Freund
17. serviciu - die Arbeit; agenție pentru ocuparea forței de muncă - die Arbeitsvermittlung
18. sub - unter
19. tată - der Vater
20. timp liber - die Freizeit, freie Zeit
21. ușă - die Tür

B

Robert are mulți prieteni

1
Robert are mulți prieteni. Prietenii lui Robert merg la cafenea. Lor le place să bea cafea. Prietenii lui Robert beau multă cafea.

2
Tatăl lui Paul are o mașină. Mașina tatălui său este curată, dar veche. Tatăl lui Paul conduce mult. Are un loc de muncă bun și are mult de lucru acum.

3
David are multe CD-uri. CD-urile lui David sunt pe patul lui. Și CD-player-ul lui David este pe patul lui.

4
Robert citește ziare americane. Sunt multe ziare pe masa din camera lui Robert.

5
Nancy are o pisică și un câine. Pisica lui Nancy este în cameră, sub pat. Și câinele lui Nancy este tot în cameră.

6
În mașină este un bărbat. Bărbatul are o hartă. Harta bărbatului este mare. Acest bărbat conduce mult.

7
Eu sunt student. Am mult timp liber. Merg la o agenție pentru ocuparea forței de muncă. Am nevoie de un loc de muncă bun.

8
Paul și Robert au puțin timp liber. Și ei merg la agenția pentru ocuparea forței de muncă. Paul are un calculator. Poate că agenția îi va oferi lui Paul un loc de muncă bun.

9
Linda are un cuptor nou. Cuptorul Lindei este bun și curat. Linda pregătește micul dejun pentru copiii ei. Nancy și David sunt copiii Lindei. Copiii Lindei beau mult ceai. Mama bea puțină cafea. Mama lui Nancy poate spune doar câteva cuvinte în germană. Ea vorbește foarte puțină germană. Linda are un loc de muncă. Ea are puțin timp liber.

Robert hat viele Freunde

1
Robert hat viele Freunde. Roberts Freunde gehen ins Café. Sie trinken gerne Kaffee. Roberts Freunde trinken viel Kaffee.

2
Pauls Vater hat ein Auto. Das Auto seines Vaters ist sauber, aber alt. Pauls Vater fährt viel Auto. Er hat eine gute Arbeit und im Moment viel zu tun.

3
David hat viele CDs. Davids CDs liegen auf seinem Bett. Davids CD-Spieler ist auch auf seinem Bett.

4
Robert liest amerikanische Zeitungen. Auf dem Tisch in Roberts Zimmer liegen viele Zeitungen.

5
Nancy hat eine Katze und einen Hund. Nancys Katze ist im Zimmer unter dem Bett. Nancys Hund ist auch im Zimmer.

6
In dem Auto ist ein Mann. Der Mann hat eine Karte. Die Karte des Mannes ist groß. Dieser Mann fährt viel Auto.

7
Ich bin Student. Ich habe viel Freizeit. Ich gehe zu einer Arbeitsvermittlung. Ich brauche einen guten Job.

8
Paul und Robert haben ein bisschen freie Zeit. Sie gehen auch zu der Arbeitsvermittlung. Paul hat einen Computer. Die Agentur wird ihm vielleicht eine gute Arbeit geben.

9
Linda hat einen neuen Herd. Lindas Herd ist gut und sauber. Linda macht Frühstück für ihre Kinder. Nancy und David sind Lindas Kinder. Lindas Kinder trinken viel Tee. Die Mutter trinkt ein bisschen Kaffee. Nancys Mutter kann nur ein paar Wörter auf Deutsch. Sie spricht sehr wenig Deutsch. Linda hat Arbeit. Sie hat wenig Freizeit.

10

Robert vorbește puțină engleză. El cunoaște doar foarte puține cuvinte în engleză. Eu știu multe cuvinte în engleză. Eu vorbesc puțină engleză. Această femeie cunoaște multe cuvinte în engleză. Ea vorbește engleza bine.

11

George lucrează la o agenție pentru ocuparea forței de muncă. Această agenție pentru ocuparea forței de muncă este în San Francisco. George are o mașină. Mașina lui George este în stradă. George are mult de lucru. El trebuie să meargă la agenție. El conduce până acolo. George intră în agenție. Acolo sunt mulți studenți. Ei au nevoie de locuri de muncă. Munca lui George este să-i ajute pe studenți.

12

În fața hotelului este o mașină. Ușile mașinii nu sunt curate. În acest hotel locuiesc mulți studenți. Camerele hotelului sunt mici, dar curate. Aceasta este camera lui Robert. Fereastra camerei este mare și curată.

10

Robert spricht wenig Englisch. Er kennt nur sehr wenige englische Wörter. Ich kenne viele englische Wörter. Ich spreche ein bisschen Englisch. Diese Frau kennt viele englische Wörter. Sie spricht gut Englisch.

11

George arbeitet in einer Arbeitsvermittlung. Diese Arbeitsvermittlung ist in San Francisco. George hat ein Auto. Georges Auto steht an der Straße. George hat viel Arbeit. Er muss in die Agentur gehen. Er fährt mit dem Auto dorthin. George kommt in die Agentur. Dort sind viele Studenten. Sie brauchen Arbeit. Georges Arbeit ist, den Studenten zu helfen.

12

Vor dem Hotel steht ein Auto. Die Türen des Autos sind nicht sauber. In diesem Hotel wohnen viele Studenten. Die Zimmer des Hotels sind klein, aber sauber. Das ist Roberts Zimmer. Das Fenster des Zimmers ist groß und sauber.

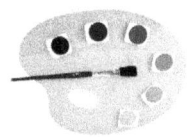

7

David cumpără o bicicletă
David kauft ein Fahrrad

A

Cuvinte
Vokabeln

1. a face - machen
2. a merge cu bicicleta - Fahrrad fahren, mit dem Fahrrad fahren
3. a spăla - waschen
4. apoi - danach
5. atunci - dann
6. autobuz - der Bus; a merge cu autobuzul - mit dem Bus fahren
7. azi - heute
8. baie - das Bad, das Badezimmer; vană - die Badewanne
9. bicicletă sport - das Sportfahrrad
10. birou - das Büro
11. bucătărie - die Küche
12. casă - das Zuhause; a merge acasă - nach Hause gehen
13. centru - das Zentrum; centrul orașului - das Stadtzentrum
14. cu - mit
15. dimineață - der Morgen
16. față - das Gesicht
17. filtru de cafea - die Kaffeemaschine
18. firmă - die Firma
19. firme - die Firmen
20. gustare - der Imbiss
21. masă de baie - der Badezimmertisch
22. mașină de spălat - die Waschmaschine
23. muncitor - der Arbeiter
24. rând - die Schlange
25. sâmbătă - der Samstag
26. sport - der Sport; magazin de articole sportive - das Sportgeschäft
27. timp - die Zeit
28. unul câte unul - einer nach dem anderen

B

David cumpără o bicicletă

Este sâmbătă dimineața. David merge la baie. Baia nu este mare. Acolo se află o cadă, o mașină de spălat și o masă de toaletă. David se spală pe față. Apoi merge în bucătărie. Pe masa din bucătărie este un ceainic. David mănâncă micul dejun. Micul dejun al lui David nu este mare. Apoi face cafea la filtrul de cafea și o bea. Azi vrea să meargă la un magazin de articole sportive. David iese în stradă. Ia autobuzul șapte. Lui David nu îi ia mult timp să meargă la magazin cu autobuzul. David intră în magazinul de articole sportive. El vrea să își cumpere o bicicletă sport nouă. Acolo sunt multe biciclete sport. Ele sunt negre, albastre și verzi. Lui David îi plac bicicletele albastre. El vrea să cumpere una albastră. În magazin este coadă. Lui David îi ia mult timp să cumpere bicicleta. Apoi merge în stradă și se plimbă cu bicicleta. Merge până în centrul orașului. Apoi merge din centrul orașului până în parc. Este așa de bine să te plimbi cu o bicicleta sport nouă!

Este sâmbătă dimineața, dar George este în biroul lui. Are mult de muncă azi. În fața biroului lui George este coadă. La această coadă sunt mulți studenți și muncitori. Au nevoie de un loc de muncă. Ei intră unul câte unul în biroul lui George. Ei vorbesc cu George. Apoi el le dă adrese ale firmelor.

Este timpul pentru o gustare acum. George face cafea la filtrul de cafea. Își ia gustarea și bea niște cafea. Acum nu mai este coadă în fața biroului său. George poate merge acasă. Iese în stradă. Este o zi așa de frumoasă! George merge acasă. Își ia copiii și merge în parcul orașului. Ei petrec timp frumos acolo.

David kauft ein Fahrrad

Es ist Samstagmorgen. David geht ins Bad. Das Badezimmer ist nicht groß. Dort gibt es eine Badewanne, eine Waschmaschine und einen Badezimmertisch. David wäscht sich das Gesicht. Dann geht er in die Küche. Auf dem Küchentisch steht ein Teekessel. David frühstückt. Davids Frühstück ist nicht groß. Dann macht er Kaffee mit der Kaffeemaschine und trinkt ihn. Er will heute in ein Sportgeschäft. David geht auf die Straße. Er nimmt den Bus 7. David braucht nicht lange, um mit dem Bus zum Laden zu fahren.

David geht in das Sportgeschäft. Er will sich ein neues Sportfahrrad kaufen. Es gibt viele Sportfahrräder. Sie sind schwarz, blau und grün. David mag blaue Fahrräder. Er will ein blaues kaufen. Im Laden ist eine Schlange. David braucht lange, um das Fahrrad zu kaufen. Dann geht er auf die Straße und fährt mit dem Fahrrad. Er fährt ins Stadtzentrum. Dann fährt er vom Zentrum in den Stadtpark. Es ist so schön, mit einem neuen Sportfahrrad zu fahren!

Es ist Samstagmorgen, aber George ist in seinem Büro. Er hat heute viel zu tun. Vor Georges Büro ist eine Schlange. In der Schlange stehen viele Studenten und Arbeiter. Sie brauchen Arbeit. Sie gehen einer nach dem anderen in Georges Büro. Sie sprechen mit George. Dann gibt er ihnen Adressen von Firmen.

Jetzt ist Zeit für einen Imbiss. George macht Kaffee mit der Kaffeemaschine. Er isst seinen Imbiss und trinkt Kaffee. Jetzt ist keine Schlange mehr vor seinem Büro. George kann nach Hause gehen. Er geht auf die Straße. Es ist so ein schöner Tag! George geht nach Hause. Er holt seine Kinder ab und geht in den Stadtpark. Dort haben sie eine schöne Zeit.

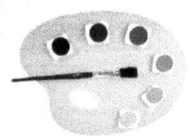

8

Linda vrea să cumpere un DVD nou
Linda will eine neue DVD kaufen

 A

Cuvinte
Vokabeln

1. a arăta - zeigen
2. a da - geben
3. a dura - dauern; Filmul durează mai mult de trei ore. - Der Film dauert mehr als 3 Stunden.
4. a întreba - bitten, fragen
5. a pleca - weggehen
6. a spune - sagen
7. aventură - das Abenteuer
8. că - dass; Știu că această carte este interesantă. - Ich weiß, dass dieses Buch interessant ist.
9. casetă video - die Videokassette
10. ceașcă - die Tasse
11. cincisprezece - fünfzehn
12. cutie - die Kiste
13. decât, ca - als; George este mai învârstă ca Linda. - George ist älter als Linda.
14. douăzeci - zwanzig
15. DVD - die DVD
16. film - der Film
17. film preferat - der Lieblingsfilm
18. interesant - interessant
19. lung - lang
20. mai mult - mehr

21. mare / mai mare / cel mai mare - groß / größer / am größten
22. oră - die Stunde
23. preferat - Lieblings
24. prietenos - freundlich
25. tânăr - jung
26. vânzător, vânzătoare - der Verkäufer, die Verkäuferin
27. videotecă - die Videothek

Linda vrea să cumpere un DVD nou

Linda will eine neue DVD kaufen

David şi Nancy sunt copiii Lindei. Nancy este cea mai mică. Ea are cinci ani. David este cu cincisprezece ani mai mare ca Nancy. El are douăzeci de ani. Nancy este mult mai tânără ca David.

Nany, Linda şi David sunt în bucătărie. Ei beau ceai. Ceaşca lui Nancy este mare. Ceaşca Lindei este mai mare. Ceaşca lui David este cea mai mare.

Linda are multe casete video şi DVD-uri cu filme interesante. Ea vrea să cumpere un film mai nou. Ea merge la o videotecă. Acolo sunt multe cutii cu casete video şi DVD-uri. Ea roagă un vânzător să o ajute. Vânzătorul îi dă Lindei câteva casete. Linda vrea să ştie mai multe despre aceste filme, dar vânzătorul pleacă.

Mai este o vânzătoare în magazin, iar ea este mai prietenoasă. Ea o întreabă pe Linda despre filmele ei preferate. Lindei îi plac filmele romantice şi de aventură. 'Titanic' este filmul ei preferat. Vânzătoarea îi arată Lindei un DVD cu cel mai nou film de la Hollywood, 'Prietenul german'. Acesta este despre aventurile romantice ale unui bărbat şi ale unei tinere femei în SUA.

Ea îi arată Lindei şi un DVD cu filmul 'Firma'. Vânzătoarea îi spune că filmul 'Firma' este unul dintre cele mai interesante filme. Şi este şi unul dintre cele mai lungi. Durează mai mult de trei ore. Lindei îi plac filmele mai lungi. Ea spune că 'Titanic' este cel mai interesant şi mai lung film pe care îl are. Linda cumpără DVD-ul cu filmul 'Firma'. Ea îi mulţumeşte vânzătoarei şi pleacă.

David und Nancy sind Lindas Kinder. Nancy ist die Jüngste. Sie ist fünf. David ist fünfzehn Jahre älter als Nancy. Er ist zwanzig. Nancy ist viel jünger als David.

Nancy, Linda und David sind in der Küche. Sie trinken Tee. Nancys Tasse ist groß. Lindas Tasse ist größer. Davids Tasse ist am größten.

Linda hat viele Videokassetten und DVDs mit interessanten Filmen. Sie will einen neueren Film kaufen. Sie geht in eine Videothek. Dort sind viele Kisten mit Videokassetten und DVDs. Sie bittet einen Verkäufer, ihr zu helfen. Der Verkäufer gibt Linda ein paar Filme. Linda will mehr über diese Filme wissen, aber der Verkäufer geht weg.

Es gibt eine andere Verkäuferin im Laden und sie ist freundlicher. Sie fragt Linda nach ihren Lieblingsfilmen. Linda mag romantische Filme und Abenteuerfilme. Der Film ‚Titanic' ist ihr Lieblingsfilm. Die Verkäuferin zeigt Linda eine DVD mit dem neusten Hollywoodfilm ‚Der deutsche Freund'. Er handelt von den romantischen Abenteuern eines Mannes und einer jungen Frau in den USA.

Sie zeigt Linda auch eine DVD mit dem Film ‚Die Firma'. Die Verkäuferin sagt, dass der Film ‚Die Firma' einer der interessantesten Filme ist. Und auch einer der längsten. Er dauert mehr als drei Stunden. Linda mag längere Filme. Sie sagt, dass ‚Titanic' der interessanteste und der längste Film ist, den sie hat. Linda kauft die DVD mit dem Film ‚Die Firma'. Sie bedankt sich bei der Verkäuferin und geht.

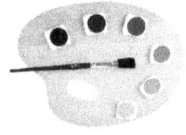

9

Paul ascultă muzică germană
Paul hört deutsche Musik

A

Cuvinte
Vokabeln

1. a cânta - singen; cântăreț - der Sänger
2. a chema - rufen; centru de apel - das Callcenter
3. a fugi - rennen, joggen, laufen
4. a începe - anfangen
5. a plăcea - gefallen; Îmi place. - Das gefällt mir.
6. a sări - springen; salt, săritură - der Sprung
7. a suna la telefon - anrufen
8. a-i fi rușine - sich schämen
9. aproape - in der Nähe
10. apropiere - die Nähe
11. cam, aproximativ - etwa
12. cămin studențesc - das Studentenwohnheim
13. cap - der Kopf; a merge - gehen
14. familie - die Familie
15. fiecare - jeder, jede, jedes
16. foarte - sehr
17. geantă - die Tasche
18. ieșit din funcțiune - außer Betrieb
19. înainte, în fața - vor
20. minut - die Minute
21. nume - der Name; a numi - nennen
22. pâine - das Brot
23. pălărie - der Hut
24. pentru că - weil

25. propoziție - der Satz
26. simplu - einfach
27. telefon - das Telefon; a telefona - telefonieren
28. unt - die Butter
29. zi - der Tag

Paul ascultă muzică germană

Carol este studentă. Ea are douăzeci de ani. Carol este din Spania. Ea locuiește în căminul studențesc. Ea este o fată foarte draguță. Carol poartă o rochie albastră. Are o pălărie pe cap. Carol vrea să își sune familia astăzi. Merge la centrul telefonic, fiindcă telefonul ei nu funcționează. Centrul telefonic se află în fața cafenelei. Carol își sună familia. Ea vorbește cu mama și cu tatăl ei. Apelul durează cam cinci minute. Apoi își sună prietena, Angela. Acest apel durează cam trei minute.
Lui Robert îi place sportul. El merge la alergat în fiecare dimineață în parcul de lângă căminul studențesc. El aleargă și astăzi. El și sare. El sare foarte departe. Paul și David aleargă și sar cu Robert. Săriturile lui David sunt mai lungi. Săriturile lui Paul sunt cele mai lungi. El sare cel mai bine dintre toți. Apoi Robert și Paul aleargă către căminul studențesc, iar David aleargă acasă. Robert ia micul dejun în camera lui. El ia pâine și unt. El face cafea la filtrul de cafea. Apoi își unge pâinea cu unt și mănâncă.
Robert locuiește în căminul studențesc, în San Francisco. Camera lui este aproape de camera lui Paul. Camera lui Robert nu este mare. Ea este curată pentru că Robert o curăță zilnic. În camera lui se află o masă, un pat, niște scaune și alte câteva piese de mobilier. Cărțile și caietele lui Robert sunt pe masă. Geanta lui este sub masă. Scaunele sunt la masă. Robert ia niște CD-uri în mână și merge în camera lui Paul, deoarece Paul vrea să asculte muzică germană.
Paul este în camera lui, la masă. Pisica lui este sub masă. În fața pisicii se află niște pâine. Pisica mănâncă pâinea.
Robert îi dă lui Paul CD-urile. Pe CD-uri este cea mai bună muzică germană. Paul vrea să știe și numele cântăreților germani. Robert îi numește pe cântăreții lui preferați. El îi numește pe Jan Delay,

Paul hört deutsche Musik

Carol ist Studentin. Sie ist zwanzig. Carol kommt aus Spanien. Sie wohnt im Studentenwohnheim. Sie ist ein sehr nettes Mädchen. Carol hat ein blaues Kleid an. Auf dem Kopf hat sie einen Hut.
Carol will heute ihre Familie anrufen. Sie geht ins Callcenter, weil ihr Telefon außer Betrieb ist. Das Callcenter ist vor dem Café. Carol ruft ihre Familie an. Sie spricht mit ihrer Mutter und ihrem Vater. Der Anruf dauert etwa fünf Minuten. Dann ruft sie ihre Freundin Angela an. Dieser Anruf dauert etwa drei Minuten.
Robert mag Sport. Er geht jeden Morgen im Park in der Nähe des Studentenwohnheims joggen. Heute läuft er auch. Er springt auch. Er springt sehr weit. Paul und David laufen und springen mit Robert. David springt weiter. Paul springt am weitesten. Er springt am besten von allen. Dann laufen Robert und Paul zum Studentenwohnheim und David nach Hause.
Robert frühstückt in seinem Zimmer. Er holt Brot und Butter. Er macht Kaffee mit der Kaffeemaschine. Dann bestreicht er das Brot mit Butter und isst.
Robert wohnt im Studentenwohnheim in San Francisco. Sein Zimmer ist in der Nähe von Pauls Zimmer. Roberts Zimmer ist nicht groß. Es ist sauber, weil Robert es jeden Tag sauber macht. In seinem Zimmer stehen ein Tisch, ein Bett, ein paar Stühle und ein paar andere Möbel. Roberts Bücher und Notizbücher liegen auf dem Tisch. Seine Tasche ist unter dem Tisch. Die Stühle stehen am Tisch. Robert nimmt ein paar CDs in die Hand und geht zu Pauls Zimmer, weil Paul deutsche Musik hören will.
Paul sitzt in seinem Zimmer am Tisch. Seine Katze ist unter dem Tisch. Vor der Katze liegt etwas Brot. Die Katze isst das Brot. Robert gibt Paul die CDs. Auf den CDs ist die beste deutsche Musik. Paul will auch die Namen der deutschen Sänger wissen.

Nena și Herbert Grönemeyer. Aceste nume sunt noi pentru Paul.
El ascultă CD-urile, iar apoi începe să cânte cântecele germane! Lui îi plac aceste cântece foarte mult. Paul îi cere lui Robert să scrie versurile cântecelor. Robert îi scrie lui Paul versurile celor mai bune cântece germane. Paul spune că vrea să învețe versurile unor cântece și îi cere lui Robert să-l ajute. Robert îl ajută pe Paul să învețe cuvintele germane. Durează foarte mult, deoarece Robert nu vorbește bine engleza. Robert este rușinat. El nu poate nici măcar să spună niște propoziții simple! Apoi Robert merge în camera lui și învață engleza.

Robert nennt seine Lieblingssänger. Er nennt Jan Delay, Nena und Herbert Grönemeyer. Diese Namen sind Paul neu.
Er hört die CDs an und beginnt dann, die deutschen Lieder zu singen! Ihm gefallen die Lieder sehr. Paul bittet Robert, den Text der Lieder aufzuschreiben. Robert schreibt die Texte der besten deutschen Lieder für Paul auf. Paul sagt, dass er die Texte von ein paar Liedern lernen will, und bittet Robert um Hilfe. Robert hilft Paul, die deutschen Texte zu lernen. Es dauert sehr lange, weil Robert nicht gut Englisch spricht. Robert schämt sich. Er kann nicht einmal ein paar einfache Sätze sagen! Dann geht Robert in sein Zimmer und lernt Englisch.

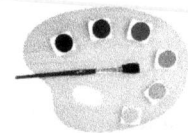

10

Paul cumpără manuale despre design
Paul kauft Fachbücher über Design

 A

Cuvinte
Vokabeln

1. a alege - wählen, aussuchen
2. a costa - kosten
3. a explica - erklären
4. a plăti - zahlen
5. a se uita - schauen, betrachten
6. a studia - studieren
7. a vedea - sehen
8. bun - gut
9. chiar - wirklich
10. doar - nur
11. fel - die Art
12. limbă - die Sprache
13. limbă maternă - die Muttersprache
14. lui - ihm
15. manual - das Fachbuch
16. oricare - irgendwelche
17. pa - tschüss
18. poză - das Foto
19. program - das Programm
20. proiect - das Design
21. salut - hallo
22. temă, lecție - die Aufgabe, Lektion
23. universitate - die Universität, die Uni

B

Paul cumpără manuale despre design

Paul este canadian și engleza este limba sa maternă. El studiază design-ul la universitatea din San Francisco. Astăzi este sâmbătă și Paul are foarte mult timp liber. El vrea să cumpere niște cărți despre design. El merge la librăria din apropiere. S-ar putea să aibă niște manuale despre design. Intră în magazin și se uită la masa cu cărți. O femeie vine la Paul. Ea este vânzătoare.
"Bună ziua. Vă pot ajuta?" îl întreabă vânzătoarea.
"Bună ziua," spune Paul, "Studiez design-ul la universitate. Am nevoie de niște manuale. Aveți niște manuale despre design?" o întreabă Paul.
"Ce fel de design? Avem manuale pentru design mobilier, design auto, design sportiv, design de internet," îi explică ea.
"Îmi puteți arăta niște manuale pentru design mobilier și de internet?" îi spune Paul.
"Vă puteți alege cărțile de pe mesele următoare. Uitați-vă la ele. Aceasta este o carte de designer-ul italian de mobilă Palatino. Acest designer explică design-ul mobilei italiene. El explică, de asemenea, design-ul mobilei din Europa și SUA. Sunt niște poze bune în carte," îi explică vânzătoarea.
"Văd că sunt și teme în carte. Această carte este chiar bună. Cât costă?" o întreabă Paul.
"Costă 52 de dolari. Iar cartea e însoțită de un CD. CD-ul conține un program pentru design mobilier," îi spune vânzătoarea.
"Chiar îmi place," spune Paul.
"Puteți vedea niște manuale despre design-ul internetului acolo," îi explică femeia. "Această carte este despre programul Microsoft Office. Iar aceste cărți sunt despre programul Flash. Uitați-vă la această carte roșie. Este despre Flash și are niște lecții interesante. Alegeți-vă una, vă rog."
"Cât costă cartea roșie?" întreabă Paul.
"Această carte cu două CD-uri costă doar 43 de

Paul kauft Fachbücher über Design

Paul ist Kanadier und seine Muttersprache ist Englisch. Er studiert Design an der Universität in San Francisco.
Heute ist Samstag und Paul hat viel Freizeit. Er will ein paar Bücher über Design kaufen. Er geht zum Buchladen in der Nähe. Der könnte Fachbücher über Design haben. Er kommt in den Laden und betrachtet den Tisch mit Büchern. Eine Frau kommt zu Paul. Sie ist eine Verkäuferin.
„Hallo, kann ich Ihnen helfen?", fragt ihn die Verkäuferin.
„Hallo", sagt Paul. „Ich studiere Design an der Universität. Ich brauche ein paar Fachbücher. Haben Sie irgendwelche Fachbücher über Design?", fragt Paul.
„Welche Art von Design? Wir haben Fachbücher über Möbeldesign, Autodesign, Sportdesign oder Internetdesign", erklärt sie ihm.
„Können Sie mir Fachbücher über Möbeldesign und Internetdesign zeigen?", fragt Paul.
„Sie können sich Bücher von den nächsten Tischen aussuchen. Schauen Sie sie sich an. Dies ist ein Buch von dem italienischen Möbeldesigner Palatino. Dieser Designer erklärt das Design italienischer Möbel. Er erklärt auch europäisches und amerikanisches Möbeldesign. In dem Buch sind einige gute Bilder", erklärt die Verkäuferin.
„Ich sehe, dass das Buch auch Aufgaben enthält. Dieses Buch ist wirklich gut. Wie viel kostet es?", fragt Paul.
„Es kostet zweiundfünfzig Dollar. Und mit dem Buch kommt eine CD. Auf der CD ist ein Computerprogramm für Möbeldesign", sagt die Verkäuferin.
„Das gefällt mir wirklich", sagt Paul.
„Dort können Sie sich ein paar Fachbücher über Internetdesign anschauen", erklärt ihm die Frau.
„Dieses Buch ist über das Computerprogramm Microsoft Office. Und diese Bücher sind über das Computerprogramm Flash. Schauen Sie sich dieses rote Buch an. Es ist über Flash und es enthält einige interessante Lektionen. Suchen Sie sich eins aus."

dolari," spune vânzătoarea.
"Vreau să cumpăr cartea lui Palatino despre design-ul mobilierului şi cartea roşie despre Flash. Cât trebuie să plătesc pentru ele?" întreabă Paul.
"Trebuie să plătiţi 95 de dolari pentru aceste două cărţi," spune vânzătoarea.
Paul plăteşte. Apoi ia cărţile şi CD-urile.
"Pa," îi spune vânzătoarea.
"Pa," spune Paul şi pleacă.

„Wie viel kostet das rote Buch?", fragt Paul.
„Dieses Buch mit zwei CDs kostet nur dreiundvierzig Dollar", sagt die Verkäuferin.
„Ich möchte das Buch von Palatino über Möbeldesign und das rote Buch über Flash kaufen. Wie viel muss ich dafür zahlen?", fragt Paul.
„Sie müssen fünfundneunzig Dollar für diese zwei Bücher zahlen". sagt die Verkäuferin.
Paul zahlt. Dann nimmt er die Bücher und die CDs.
„Tschüss", sagt die Verkäuferin zu ihm.
„Tschüss", sagt Paul und geht.

11

Robert vrea să câștige niște bani (partea 1)
Robert will ein bisschen Geld verdienen (Teil 1)

 A

Cuvinte
Vokabeln

1. a câștiga - verdienen; Câștig 10 dolari pe oră. - Ich verdiene zehn Dollar pro Stunde.
2. a încărca - beladen; încărcător - der Verlader
3. a înțelege - verstehen
4. a răspunde - antworten, erwidern; răspuns - die Antwort
5. bine - gut, alles klar
6. camion - der Lastwagen
7. cutie - die Kiste
8. departamentul de resurse umane - die Personalabteilung
9. după - nach
10. energie - die Energie
11. final - das Ende; a termina - beenden
12. greu - schwer
13. în mod normal - normalerweise
14. încă unul - noch einen
15. listă - die Liste
16. mai bine - besser
17. normal - normal
18. notiță - die Notiz
19. număr - die Nummer
20. oră - die Stunde; din oră în oră - stündlich
21. oră - Uhr; Este ora două. - Es ist zwei Uhr.
22. parte - der Teil
23. rapid - schnell
24. transport - der Transport
25. va continua - Fortsetzung folgt
26. zi - der Tag; zilnic - täglich, jeden Tag

B

Robert vrea să câştige nişte bani (partea 1)

Robert are zilnic timp liber după facultate. El vrea să câştige nişte bani. El merge la o agenţie pentru ocuparea forţei de muncă. Ei îi dau adresa unei firme de transport. Firma de transport *Rapid* are nevoie de un încărcător. Această muncă este chiar grea. Dar plătesc 11 dolari pe oră. Robert vrea să accepte această slujbă. Aşa că merge la biroul firmei de transport.
"Bună ziua. Am O notiţă pentru voi de la o agenţie pentru ocuparea forţei de muncă," îi spune Robert unei femei de la departamentul de resurse umane. Îi dă notiţa.
"Bună ziua," îi spune femeia, "Numele meu este Margaret Bird. Sunt şefa departamentului de resurse umane. Cum vă numiţi?"
"Numele meu este Robert Genscher," spune Robert.
"Sunteţi american?" întreabă Margaret.
"Nu. Sunt german," răspunde Robert.
"Puteţi vorbi şi scrie bine în engleză?" întreabă ea.
"Da," spune el.
"Câţi ani aveţi?" întreabă ea.
"Am 20 de ani," răspunde Robert.
"Vreţi să lucraţi la firma de transport ca şi încărcător?" îl întreabă şefa departamentului de resurse umane.
Lui Robert îi este ruşine să spună că nu poate avea un loc de muncă mai bun pentru că nu vorbeşte engleza bine. Aşa că spune: "Vreau să câştig 11 dolari pe oră."
"Bine," spune Margaret, "În mod normal, firma noastră de transport nu are aşa mult de încărcat. Dar acum chiar mai avem nevoie de un încărcător. Puteţi încărca repede cutii cu 20 de kg de încărcătură?"
"Da, pot. Am multă energie," răspunde Robert.
"Avem nevoie de un încărcător zilnic, pentru trei ore. Puteţi lucra de la patru la şapte?" întreabă ea.
"Da, cursurile mele se termină la ora unu," răspunde studentul.
"Când puteţi începe să lucraţi?" îl întreabă şefa

Robert will ein bisschen Geld verdienen (Teil 1)

Robert hat jeden Tag nach der Universität freie Zeit. Er will ein bisschen Geld verdienen. Er geht in eine Arbeitsvermittlung. Sie geben ihm die Adresse einer Transportfirma. Die Transportfirma Rapid braucht einen Verlader. Diese Arbeit ist wirklich schwer. Aber sie bezahlen elf Dollar pro Stunde. Robert will den Job annehmen. Also geht er zum Büro der Transportfirma. „Hallo. Ich habe eine Notiz für Sie von einer Arbeitsvermittlung", sagt Robert zu einer Frau in der Personalabteilung der Firma. Er gibt ihr die Notiz.
„Hallo", sagt die Frau. „Ich bin Margaret Bird. Ich bin die Leiterin der Personalabteilung. Wie heißen Sie?"
„Ich heiße Robert Genscher", sagt Robert.
„Sind Sie Amerikaner?", fragt Margaret.
„Nein, ich bin Deutscher", antwortet Robert.
„Können Sie gut Englisch sprechen und schreiben?", fragt sie.
„Ja", sagt er.
„Wie alt sind Sie?", fragt sie.
„Ich bin zwanzig", antwortet Robert.
„Wollen Sie in der Transportfirma als Verlader arbeiten?", fragt ihn die Leiterin der Personalabteilung.
Robert schämt sich, zu sagen, dass er keine bessere Arbeit haben kann, weil er nicht gut Englisch spricht. Deswegen sagt er: „Ich möchte elf Dollar pro Stunde verdienen."
„Na gut", sagt Margaret. „Normalerweise hat unsere Transportfirma nicht viel Verladearbeit. Aber gerade brauchen wir wirklich noch einen Verlader. Können Sie schnell Kisten mit zwanzig Kilogramm Ladung verladen?"
„Ja, das kann ich. Ich habe viel Energie", antwortet Robert.
„Wir brauchen einen Verlader für drei Stunden täglich. Können Sie von vier bis sieben Uhr arbeiten?", fragt sie.
„Ja, mein Unterricht endet um ein Uhr", antwortet der Student.
„Wann können Sie anfangen, zu arbeiten?", fragt

departamentului de resurse umane.
"Pot începe acum," răspunde Robert.
"Bine. Uitați-vă peste această listă de încărcături. Acolo sunt nume de firme și magazine," explică Margaret. "Fiecare firmă și magazin are niște numere. Acestea sunt numerele cutiilor. Iar acestea sunt numerele camioanelor în care trebuie să încărcați cutiile. Camioanele vin și pleacă din oră în oră. Deci va trebui să lucrați repede. Bine?"
"Bine," răspunde Robert, neînțelegând-o prea bine pe Margaret.
"Acum, luați această listă cu încărcături și mergeți la ușa de încărcare numărul trei," îi spune șefa departamentului de resurse umane lui Robert. Robert ia lista cu încărcături și merge la treabă.

(va continua)

ihn die Leiterin der Personalabteilung.
„Ich kann jetzt anfangen", erwidert Robert.
„Gut. Schauen Sie sich diese Ladeliste an. Dort stehen Namen von Firmen und Läden", erklärt Margaret. „Bei jeder Firma und jedem Laden stehen ein paar Nummern. Das sind die Nummern der Kisten. Und das sind die Nummern der Lastwägen, auf die Sie die Kisten laden müssen. Die Lastwägen kommen und gehen stündlich. Sie müssen also schnell arbeiten. Alles klar?"
„Alles klar", antwortet Robert, ohne Margaret richtig zu verstehen.
„Nehmen Sie jetzt diese Ladeliste und gehen Sie zur Ladetür Nummer drei", sagt die Leiterin der Personalabteilung zu Robert. Robert nimmt die Ladeliste und geht arbeiten.

(Fortsetzung folgt)

12

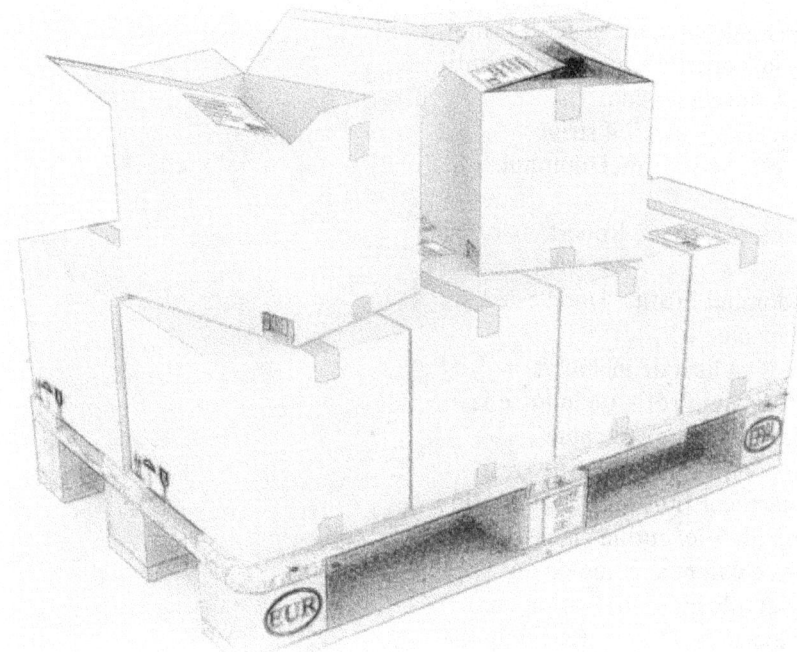

Robert vrea să câștige niște bani (partea 2)
Robert will ein bisschen Geld verdienen (Teil 2)

 A

Cuvinte
Vokabeln

1. a aduce - bringen
2. a conduce - fahren
3. a întâlni - treffen, kennenlernen
4. a merge - gehen
5. a se ridica - aufstehen; Ridică-te! - Steh auf!
6. a urî - hassen
7. a-i părea rău - leid tun; Îmi pare rău. - Es tut mir leid.
8. aici - hier (Ort)
9. aici este - hier ist
10. al lor - ihr
11. al tău - dein
12. bucuros - froh
13. corect - richtig; a corecta - korrigieren
14. domnul, Dl. - Herr, Hr.
15. fiu - der Sohn
16. în loc de - anstelle von
17. în locul tău - an deiner Stelle
18. înapoi - zurück
19. incorect, greșit - falsch
20. luni - Montag
21. mamă - Mama, die Mutter
22. motiv - der Grund
23. profesor - der Lehrer
24. rău - schlecht
25. șofer - der Fahrer

B

Robert vrea să câștige niște bani (partea 2)

La ușa de încărcare numărul trei sunt multe camioane. Ele se întorc cu încărcătura lor. Șeful departamentului de resurse umane și șeful firmei vin acolo. Ei merg la Robert. Robert încarcă cutii într-un camion. El lucrează repede.
"Hei, Robert! Vino, te rog, aici," îl strigă Margaret. "Acesta este șeful firmei, domnul Profit."
"Mă bucur să vă cunosc," spune Robert, mergând la ei.
"Și eu," răspunde domnul Profit. "Unde este lista dumneavoastră de încărcare?"
"Este aici." Robert îi dă lista de încărcare.
"Măi-măi," spune domnul Profit, uitându-se la listă. "Vedeți aceste camioane? Ele aduc încărcătura înapoi, pentru că ați încărcat greșit cutiile. Cutiile cu cărți vor fi duse la un magazin de mobilă, în loc de librărie, cutiile cu casete video și DVD-uri la o cafenea, în loc de un magazin video, iar cutiile cu sandvișuri la un magazin video, în loc de o cafenea! Este o treabă proastă! Îmi pare rău, dar nu puteți lucra la firma noastră," spune domnul Profit și se întoarce la biroul lui.
Robert nu poate încărca cutiile corect, deoarece poate citi și înțelege doar foarte puține cuvinte în engleză. Margaret se uită la el. Robert este rușinat.
"Robert, poți să îți îmbunătățești engleza și apoi să revii. OK?" spune Margaret.
"OK," răspunde Robert. "Pa, Margaret"
"Pa, Robert," răspunde Margaret.
Robert merge acasă. El vrea acum să își îmbunătățească engleza și apoi să își caute o slujbă nouă.

Este timpul să mergem la universitate

Într-o dimineață de luni o mamă intră în cameră să-și trezească fiul.
"Ridică-te, e ora șapte. E timpul să mergi la universitate!"
"Mamă, dar de ce? Nu vreau să mă duc."

Robert will ein bisschen Geld verdienen (Teil 2)

An der Ladetür Nummer 3 stehen viele Lastwagen. Sie kommen mit ihrer Ladung zurück. Die Leiterin der Personalabteilung und der Firmenchef kommen dorthin. Sie gehen zu Robert. Robert lädt Kisten in einen Lastwagen. Er arbeitet schnell.
„Hey Robert! Komm bitte hierher!", ruft Margaret. „Das ist der Chef der Firma, Herr Profit."
„Es freut mich, Sie kennenzulernen", sagt Robert auf sie zugehend.
„Mich auch", antwortet Hr. Profit. „Wo ist Ihre Ladeliste?"
„Hier ist sie." Robert gibt ihm die Ladeliste.
„Na gut", sagt Hr. Profit, während er auf die Liste schaut. „Sehen Sie diese Lastwagen? Sie bringen ihre Fracht zurück, weil Sie die Kisten falsch verladen haben. Die Kisten mit Büchern werden zu einem Möbelladen gebracht anstelle von einem Buchladen, die Kisten mit Videos und DVDs zu einem Café anstelle von einer Videothek und die Kisten mit Sandwiches zu einer Videothek anstelle von einem Café! Das ist schlechte Arbeit! Es tut mir leid, aber Sie können nicht in unserer Firma arbeiten", sagt Hr. Profit und geht zurück in sein Büro.
Robert kann die Kisten nicht richtig verladen, weil er nur sehr wenig Englisch lesen und verstehen kann. Margaret sieht ihn an. Robert schämt sich.
„Robert, du kannst dein Englisch verbessern und dann wiederkommen, ok?", sagt Margaret.
„Ok", antwortet Robert. „Tschüss Margaret."
„Tschüss Robert", antwortet Margaret.
Robert geht nach Hause. Er will jetzt sein Englisch verbessern und sich dann eine neue Arbeit suchen.

Es ist an der Zeit, in die Uni zu gehen

An einem Montagmorgen kommt eine Mutter ins Zimmer, um ihren Sohn aufzuwecken.
„Steh auf, es ist sieben Uhr. Es ist an der Zeit, in die Uni zu gehen!"
„Aber warum, Mama? Ich will nicht gehen."

"Spune-mi două motive pentru care nu vrei să te duci," îi spune mama fiului.
"Studenții mă urăsc și profesorii la fel!"
"O, acestea nu sunt motive să nu te duci la universitate. Ridică-te!"
"OK. Spune-mi două motive pentru care trebuie să mă duc la universitate," îi spune el mamei.
"Bine. În primul rând, pentru că ai cincizeci și cinci de ani. Iar în al doilea rând, pentru că ești directorul universității! Ridică-te acum!"

„Nenne mir zwei Gründe, warum du nicht gehen willst", sagt die Mutter zu ihrem Sohn.
„Die Studenten hassen mich und die Lehrer auch!"
„Oh, das sind keine Gründe, um nicht in die Uni zu gehen. Steh auf!"
„Ok. Nenn mir zwei Gründe, warum ich in die Uni muss", sagt er zu seiner Mutter.
„Gut, einerseits, weil du fünfundfünfzig Jahre alt bist. Und andererseits, weil du der Direktor der Universität bist! Steh jetzt auf!"

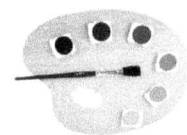

Fortgeschrittene Anfänger Stufe A2

13

Numele hotelului
Der Name des Hotels

A

Cuvinte
Vokabeln

1. a arăta - zeigen
2. a deschide - öffnen
3. a dormi - schlafen
4. a găsi - finden
5. a merge - gehen
6. a se opri - anhalten
7. a sta (în picioare) - stehen
8. a surprinde - überraschen
9. (a trece) pe lângă - vorbei
10. a vedea - sehen
11. a zâmbi - lächeln
12. acum - jetzt, zurzeit, gerade
13. altul - ein anderer, eine andere, ein anderes
14. atunci - dann
15. deja - schon
16. departe - weg
17. din nou - wieder
18. drum - der Weg
19. furios - wütend
20. jos - nach unten
21. lac - der See
22. lift - der Aufzug
23. noapte - die Nacht
24. obosit - müde
25. pe jos - zu Fuß
26. peste - über
27. picior - der Fuß
28. pod - die Brücke
29. Polonia - Polen
30. prin - hindurch
31. reclamă - die Werbung
32. rotund - rund
33. seară - der Abend
34. şofer de taxi - der Taxifahrer
35. stupid, prost - dumm
36. surprins - überrascht, verwundert
37. surpriză - die Überraschung
38. taxi - das Taxi
39. zâmbet - das Lächeln

B

Numele hotelului

Acesta este un student. Numele lui este Kasper. Kasper este din Polonia. El nu vorbeşte engleza. El vrea să înveţe engleza la o universitate din SUA. Kasper locuieşte momentan într-un hotel din San Francisco.
El este în camera lui acum. El se uită pe hartă. Această hartă este foarte bună. Kasper vede străzi, pieţe şi magazine pe hartă. El iese din cameră pe coridorul cel lung, către lift. Liftul coboară. Kasper merge prin holul cel mare afară din hotel. El se opreşte lângă hotel şi scrie numele hotelului în caietul lui.
Lângă hotel există o piaţă rotundă şi un lac. Kasper merge de-a lungul pieţei spre lac. El merge în jurul lacului, la pod. Peste pod trec multe maşini, camioane şi oameni. Kasper trece pe sub pod. Apoi merge de-a lungul unei străzi, către centrul oraşului. El trece pe lângă multe clădiri frumoase.
Este seară deja. Kasper este obosit şi vrea să meargă înapoi la hotel. El opreşte un taxi, apoi îşi deschide caietul şi îi arată şoferului de taxi numele hotelului. Şoferul de taxi se uită în caiet, zâmbeşte şi pleacă mai departe. Kasper nu înţelege. El stă şi se uită în caietul lui. Apoi opreşte un alt taxi şi îi arată şoferului de taxi din nou numele hotelului. Şoferul se uită în caiet. Apoi se uită la Kasper, zâmbeşte şi pleacă şi el mai departe.
Kasper este surprins. El opreşte un alt taxi, dar şi acest taxi pleacă mai departe. Kasper nu înţelege. Este surprins şi furios. Dar nu este prost. Îşi deschide harta şi găseşte drumul spre hotel. El se întoarce la hotel pe jos.
Este noapte. Kasper este în patul lui. El doarme. Stelele privesc în cameră prin fereastră. Caietul este pe masă. Este deschis. "Ford este cea mai bună maşină". Acesta nu este numele hotelului. Aceasta este o reclamă de pe clădirea hotelului.

Der Name des Hotels

Das ist ein Student. Er heißt Kasper. Kasper kommt aus Polen. Er spricht kein Englisch. Er will an einer Universität in den USA Englisch lernen. Kasper wohnt zurzeit in einem Hotel in San Francisco.
Gerade ist er in seinem Zimmer. Er schaut auf die Karte. Diese Karte ist sehr gut. Kasper sieht Straßen, Plätze und Läden auf der Karte. Er geht aus dem Zimmer und durch den langen Gang zum Aufzug. Der Aufzug bringt ihn nach unten. Kasper geht durch die große Halle und aus dem Hotel. Er hält in der Nähe des Hotels an und schreibt den Namen des Hotels in sein Notizbuch.
Beim Hotel gibt es einen runden Platz und einen See. Kasper geht über den Platz zum See. Er geht um den See zur Brücke. Viele Autos, Lastwägen und Menschen überqueren die Brücke. Kasper geht unter der Brücke hindurch. Dann geht er eine Straße entlang zum Stadtzentrum. Er geht an vielen schönen Gebäuden vorbei.
Es ist schon Abend. Kasper ist müde und will zurück ins Hotel gehen. Er hält ein Taxi an, öffnet dann sein Notizbuch und zeigt dem Taxifahrer den Namen des Hotels. Der Taxifahrer schaut in das Notizbuch, lächelt und fährt weg. Kasper versteht nichts. Er steht da und schaut in sein Notizbuch. Dann hält er ein anderes Taxi an und zeigt dem Taxifahrer wieder den Namen des Hotels. Der Fahrer schaut in das Notizbuch. Dann schaut er Kasper an, lächelt und fährt auch weg.
Kasper ist verwundert. Er hält ein anderes Taxi an. Aber auch dieser Taxifahrer fährt weg. Kasper kann das nicht verstehen. Er ist verwundert und wütend. Aber er ist nicht dumm. Er öffnet seine Karte und findet den Weg zum Hotel. Er kehrt zu Fuß zum Hotel zurück.
Es ist Nacht. Kasper ist in seinem Bett. Er schläft. Die Sterne schauen durch das Fenster ins Zimmer. Das Notizbuch liegt auf dem Tisch. Es ist offen. „Ford ist das beste Auto". Das ist nicht der Name des Hotels. Das ist Werbung am Hotelgebäude.

14

Aspirină
Aspirin

A

Cuvinte
Vokabeln

1. a ajunge (undeva) - ankommen
2. a gândi - denken
3. a încerca - versuchen
4. a primi (ceva) - (etwas) erhalten
5. a se așeza - sich hinsetzen
6. a testa, a verifica - prüfen
7. a trece un test/examen - eine Prüfung bestehen
8. adesea - oft
9. alb - weiß
10. aspirină - das Aspirin
11. băiat - der Junge
12. birou - der Schreibtisch
13. că - dass
14. cămin studențesc - das Studentenwohnheim
15. câteva - einige
16. ceas - die Uhr
17. ceva - etwas
18. chimic - chemisch
19. chimicale - die Chemikalien
20. chimie - die Chemie
21. cristal - das Kristall
22. desigur - natürlich
23. după - nach
24. farmacie - die Apotheke
25. foaie - das Blatt
26. gri - grau
27. hârtie - das Papier
28. în sfârșit - schließlich
29. inteligent - intelligent
30. jumătate - halb
31. la opt jumate - um halb neun
32. la ora unu - um eins
33. minunat - wunderbar

34. mirositor - stinkend
35. pastilă - die Tablette
36. pauză - die Pause
37. pentru - für
38. răspuns - die Lösung

39. sală de clasă - das Klassenzimmer
40. sarcină - die Aufgabe
41. test, examen - die Prüfung
42. zece - zehn

Aspirină

Acesta este un prieten de-ai lui Robert. Numele lui este Paul. Paul este din Canada. Engleza este limba lui maternă. El vorbește și franceza foarte bine. Paul locuiește în căminul studențesc. Paul este în camera lui acum. Paul are examen la chimie astăzi. Se uită la ceas. Este ora opt. Este vremea să plece.
Paul iese afară. El merge la universitate. Universitatea este în aproprierea căminului studențesc. Îi iau aproximativ zece minute până la facultate. Paul ajunge la sala de clasă. Deschide ușa și se uită în clasă. Acolo sunt niște studenți și profesorul. Paul intră în clasă.
"Bună ziua," spune el.
"Bună ziua," răspund profesorul și studenții.
Paul merge la banca lui și se așază. Examenul începe la opt și jumătate. Profesorul vine la banca lui Paul.
"Aici este sarcina ta," spune profesorul. Apoi îi dă lui Paul o foaie cu sarcina lui. "Trebuie să obții aspirină. Poți lucra de la opt jumate până la doisprezece. Începe, te rog," spune profesorul.
Paul cunoaște sarcina. El ia niște chimicale și începe. Lucrează timp de zece minute. Rezultatul este ceva gri și urât mirositor. Aceasta nu este aspirină bună. Paul știe că trebuie să obțină cristale mari și albe de aspirină. Apoi încearcă din nou și din nou. Paul lucrează timp de o oră, dar rezultatul este, din nou, ceva gri și urât mirositor.
Paul este nervos și obosit. Nu poate înțelege. Face o pauză și se gândește puțin. Paul este inteligent. Se gândește câteva minute și apoi găsește răspunsul! Se ridică.
"Pot lua o pauză de zece minute?" îl întreabă pe profesor.
"Da, desigur," răspunde profesorul.

Aspirin

Das ist ein Freund von Robert. Er heißt Paul. Paul kommt aus Kanada. Seine Muttersprache ist Englisch. Er spricht auch sehr gut Französisch. Paul wohnt im Studentenwohnheim. Paul ist gerade in seinem Zimmer. Paul hat heute eine Prüfung in Chemie. Er schaut auf die Uhr. Es ist acht Uhr. Es ist an der Zeit, zu gehen.
Paul geht nach draußen. Er geht zur Universität. Die Uni ist in der Nähe des Wohnheims. Er braucht etwa zehn Minuten bis zur Uni. Paul kommt zum Klassenzimmer. Er öffnet die Tür und schaut ins Klassenzimmer. Einige Studenten und der Lehrer sind da. Paul betritt das Klassenzimmer.
„Hallo", sagt er.
„Hallo", antworten der Lehrer und die Studenten. Paul geht zu seinem Schreibtisch und setzt sich hin. Die Prüfung beginnt um halb neun. Der Lehrer kommt zu Pauls Tisch.
„Hier ist deine Aufgabe", sagt der Lehrer. Dann gibt er Paul ein Blatt Papier mit der Aufgabe. „Du musst Aspirin herstellen. Du kannst von halb neun bis zwölf Uhr arbeiten. Fang bitte an", sagt der Lehrer.

Paul weiß, wie diese Aufgabe geht. Er nimmt einige Chemikalien und beginnt. Er arbeitet zehn Minuten lang. Das Ergebnis ist grau und stinkt. Das ist nicht gutes Aspirin. Paul weiß, dass er große, weiße Aspirinkristalle erhalten muss. Dann versucht er es wieder und wieder. Paul arbeitet eine Stunde lang, aber das Ergebnis ist wieder grau und stinkend.
Paul ist wütend und müde. Er kann es nicht verstehen. Er macht eine Pause und denkt ein bisschen nach. Paul ist intelligent. Er denkt ein paar Minuten nach und findet dann die Lösung! Er steht auf.

„Kann ich zehn Minuten Pause machen?", fragt er den Lehrer.
„Ja, natürlich", antwortet der Lehrer.

Paul merge afară. El găsește o farmacie lângă universitate. El intră și cumpără niște pastile de aspirină. După zece minute se întoarce în sala de clasă. Studenții stau și muncesc. Paul se așază.

"Pot termina examenul?" îl întreabă Paul pe profesor după cinci minute.

Profesorul vine la banca lui Paul. El vede cristale mari și albe de aspirină. Profesorul este uimit. Stă și se uită câtăva vreme la aspirină.

"Minunat! Aspirina ta este bună! Dar nu pot să înțeleg! Deseori încerc să obțin aspirină, dar tot ce obțin este ceva gri și urât mirositor," spune profesorul. "Ai trecut examenul."

După examen, Paul pleacă. Profesorul vede ceva alb pe banca lui Paul. Merge spre bancă și găsește prospectul de la pastilele de aspirină.

"Isteț băiat. Bine, Paul. Acum ai o problemă," spune profesorul.

Paul geht nach draußen. Er findet eine Apotheke in der Nähe der Uni. Er geht hinein und kauft ein paar Tabletten Aspirin. Nach zehn Minuten kommt er zurück ins Klassenzimmer. Die Studenten sitzen da und arbeiten. Paul setzt sich hin.

„Kann ich die Prüfung beenden?", fragt Paul den Lehrer nach fünf Minuten.

Der Lehrer kommt zu Pauls Tisch. Er sieht große, weiße Aspirinkristalle. Der Lehrer ist überrascht. Er bleibt stehen und schaut eine Weile auf das Aspirin.

„Wunderbar! Dein Aspirin ist gut! Aber ich kann das nicht verstehen! Ich versuche oft, Aspirin herzustellen, aber alles, was ich herausbekomme, ist grau und stinkt", sagt der Lehrer. „Du hast die Prüfung bestanden."

Paul geht nach der Prüfung weg. Der Lehrer sieht etwas Weißes auf Pauls Tisch. Er geht zum Tisch und findet das Papier der Aspirintabletten.

„Intelligenter Junge. Na ja, Paul, jetzt hast du ein Problem", sagt der Lehrer.

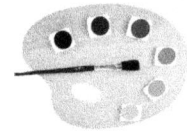

15

Nancy și cangurul
Nancy und das Känguru

A

Cuvinte
Vokabeln

1. a bate - schlagen
2. a cădea - fallen
3. a deranja - ärgern
4. a plânge, a urla - weinen, schreien, rufen
5. a planifica - planen
6. a studia - studieren
7. a trage - ziehen
8. al lui - sein
9. an - das Jahr
10. apă - das Wasser
11. bibliotecă - das Bücherregal
12. bine - okay, gut
13. când - wenn
14. cangur - das Känguru
15. Care masă? - Welcher Tisch?
16. căzătură - der Fall
17. ce - was, welcher / welche / welches
18. Ce-i asta? - Was ist das?
19. coadă - der Schwanz
20. fericit - glücklich
21. găleată - der Eimer
22. grădină zoologică - der Zoo
23. Hei! - Hey!
24. împreună - zusammen
25. în liniște, încet - leise
26. înghețată - das Eis
27. jucărie - das Spielzeug
28. larg - weit
29. lasă-ne - lass uns
30. leu - der Löwe
31. maimuță - der Affe
32. nouă - uns

33. O! - Oh!
34. păpuşă - die Puppe
35. păr - das Haar
36. pe mine - mich
37. plan - der Plan
38. plin - voll
39. puternic - stark
40. sărac - arm
41. tigru - der Tiger
42. ud - nass
43. ureche - das Ohr
44. zebră - das Zebra

B

Nancy şi cangurul

Robert este student acum. El studiază la facultate. El studiază engleza. Robert locuieşte în căminul studenţesc. El este vecin cu Paul. Robert este în camera lui acum. El ia telefonul şi-şi sună prietenul, pe David.
David răspunde la telefon şi spune: "Bună."
"Bună, David. Aici Robert. Ce faci?" spune Robert.
"Bună, Robert. Bine. Mulţumesc. Tu ce faci?" răspunde David.
"Şi eu fac bine. Mulţumesc. Voi merge într-o excursie. Care sunt planurile tale de astăzi?" spune Robert.
"Sora mea, Nancy, vrea să meargă cu mine la zoo. Voi merge acum cu ea acolo. Hai să mergem împreună," spune David.
"Bine. Vin şi eu. Unde ne întâlnim?" întreabă Robert.
"Hai să ne întâlnim la staţia de autobuz Olympic. Şi întreabă-l şi pe Paul dacă vrea să vină." spune David.
"Bine, pa," răspunde Robert.
"Pe curând," spune David.
Apoi Robert merge în camera lui Paul. Paul este în camera lui.
"Bună," spune Robert
"O, bună, Robert. Intră," spune Paul. Robert intră în cameră.
"David, sora lui, şi cu mine mergem la zoo. Vrei să vii cu noi?" întreabă Robert.
"Desigur că vin şi eu!" spune Paul.
Robert şi Paul merg la staţia de autobuz Olympic. Acolo îi văd pe David şi pe sora lui. Sora lui David are doar cinci ani. Ea este o fată mică şi plină de energie. Ei îi plac animalele foarte mult. Dar Nancy crede că animalele sunt jucării. Animalele fug de ea, deoarece ea le

Nancy und das Känguru

Robert ist jetzt Student. Er studiert an der Universität. Er studiert Englisch. Robert wohnt im Studentenwohnheim. Er ist Pauls Nachbar. Robert ist gerade in seinem Zimmer. Er nimmt sein Telefon und ruft seinen Freund David an.
David geht ans Telefon und sagt: „Hallo."
„Hallo David. Ich bin es, Robert. Wie geht's dir?", sagt Robert.
„Hallo Robert. Mir geht's gut. Danke. Und dir?", antwortet David.
„Mir geht's auch gut, danke. Ich werde einen Ausflug machen. Was hast du heute vor?", sagt Robert.
„Meine Schwester Nancy will mit mir in den Zoo gehen. Ich werde jetzt mit ihr dorthin gehen. Lass uns zusammen gehen", sagt David.
„Alles klar, ich komme mit. Wo treffen wir uns?", fragt Robert.
„Lass uns an der Bushaltestelle Olympic treffen. Und frag Paul, ob er auch mitkommen will", sagt David.
„Alles klar. Tschüss", antwortet Robert.
„Bis gleich", sagt David.
Dann geht Robert zu Pauls Zimmer. Paul ist in seinem Zimmer.
„Hallo", sagt Robert.
„Oh, hallo Robert. Komm rein", sagt Paul. Robert betritt das Zimmer.
„David, seine Schwester und ich gehen in den Zoo. Willst du mitkommen?", fragt Robert.
„Natürlich komme ich mit", sagt Paul.
Robert und Paul fahren bis zur Bushaltestelle Olympic. Dort sehen sie David und seine Schwester Nancy.

Davids Schwester ist erst fünf. Sie ist ein kleines Mädchen und voller Energie. Sie mag Tiere sehr gerne. Aber Nancy denkt, dass Tiere Spielzeug sind. Die Tiere rennen vor ihr weg, weil sie sie sehr ärgert.

deranjează foarte mult. Ea le trage de coadă sau de ureche, le lovește cu mâna sau cu o jucărie. Nancy are acasă un câine și o pisică. Când Nancy este acasă, câinele stă sub pat, iar pisica pe bibliotecă. Astfel, Nancy nu le poate ajunge.
Nancy, David, Robert și Paul intră la zoo. Sunt multe animale la zoo. Nancy este fericită. Ea aleargă către lei și tigri. Ea lovește zebra cu păpușa ei. Ea trage cu atâta putere de coada unei maimuțe, încât toate maimuțele fug urlând. Apoi Nancy vede un cangur. Cangurul bea apă dintr-o găleată. Nancy zâmbește și se apropie încet de cangur. Iar apoi…
"Hei! Cangure-eeeee!!" zbiară Nancy și-l trage de coadă. Cangurul se uită la Nancy cu ochii larg deschiși. Speriat, el sare în așa fel, încât găleata cu apă zboară și cade pe Nancy. Apa îi curge pe păr, pe față și pe rochie. Nancy este toată udă.
"Ești un cangur rău! Rău!" strigă ea.
Unii oameni zâmbesc, iar alți oameni spun: "Biata fată." David o duce pe Nancy acasă.
"Nu e voie să deranjezi animalele," spune David și îi dă o înghețată. Nancy mănâncă înghețata.
"Bine, nu mă voi mai juca cu animale foarte mari și furioase," se gândește Nancy. "Mă voi juca doar cu animale mici." Ea este fericită din nou.

Sie zieht sie am Schwanz oder am Ohr, schlägt sie mit der Hand oder mit einem Spielzeug. Zu Hause hat Nancy einen Hund und eine Katze. Wenn Nancy zu Hause ist, sitzt der Hund unter dem Bett und die Katze auf dem Bücherregal. So kann Nancy sie nicht kriegen.
Nancy, David, Robert und Paul betreten den Zoo. Im Zoo gibt es sehr viele Tiere. Nancy ist glücklich. Sie rennt zu den Löwen und Tigern. Sie schlägt das Zebra mit ihrer Puppe. Sie zieht so stark am Schwanz eines Affen, dass alle Affen schreiend wegrennen. Dann sieht Nancy ein Känguru. Das Känguru trinkt Wasser aus einem Eimer. Nancy lächelt und nähert sich dem Känguru langsam. Und dann…
„Hey!!! Kängruu-uu-uu!!", schreit Nancy und zieht es am Schwanz. Das Känguru sieht Nancy mit weit aufgerissenen Augen an. Vor Schreck macht es einen Satz, sodass der Wassereimer in die Luft fliegt und auf Nancy fällt. Wasser läuft über ihr Haar, ihr Gesicht und ihr Kleid. Nancy ist ganz nass.
„Du bist ein böses Känguru! Böse!", ruft sie. Einige Leute lächeln und einige Leute sagen: „Armes Mädchen." David bringt Nancy nach Hause.
„Du darfst die Tiere nicht ärgern", sagt David und gibt ihr ein Eis. Nancy isst das Eis.
„Okay, ich werde nicht mehr mit sehr großen und wütenden Tieren spielen". denkt Nancy. „Ich werde nur noch mit kleinen Tieren spielen." Sie ist wieder glücklich.

16

Parașutiștii
Die Fallschirmspringer

 A

Cuvinte
Vokabeln

1. a ateriza - landen
2. a cădea - fallen
3. a coborî - aussteigen
4. a crede - glauben
5. a face - machen
6. a fi - sein
7. a împinge, a trage - stoßen, ziehen
8. a închide - schließen
9. a pregăti - vorbereiten
10. a prinde - fangen
11. a salva - retten
12. a se antrena - trainieren; antrenat - trainiert
13. a se îmbrăca - sich anziehen
14. acoperiș - das Dach
15. aer - die Luft
16. altul - andere
17. apropo - übrigens
18. avion - das Flugzeug
19. cascadorie de salvare a vieții - der Rettungstrick
20. cauciuc - der Gummi
21. căzut, prăbușit - abgestürzt
22. club - der Verein
23. dacă - ob
24. doar - einfach
25. după - nach
26. echipă - die Mannschaft
27. furios - wütend

28. galben - gelb
29. geacă - die Jacke
30. grozav - super, toll
31. îmbrăcăminte - die Kleidung
32. îmbrăcat - angezogen
33. înăuntru - in
34. loc - der Sitz; a se așeza - sich hinsetzen
35. membru - das Mitglied
36. metal - das Metall
37. nouă - neun
38. pantaloni - die Hose
39. parașută - der Fallschirm
40. parașutist - der Fallschirmspringer
41. parte - der Teil
42. peste - über
43. pilot - der Pilot
44. propriu - eigener, eigene, eigenes
45. public - das Publikum
46. real - wirklich
47. roșu - rot
48. silențios - leise
49. spectacol aerian - die Flugschau
50. tată - Papa
51. truc - der Trick
52. umplut - ausgestopft; parașutist umplut (cu paie) - die Fallschirmspringerpuppe
53. viață - das Leben

Parașutiștii

Die Fallschirmspringer

Este dimineață. Robert vine în camera lui Paul. Paul stă la masă și scrie ceva. Pisica lui Paul, Favorite, stă pe patul lui Paul. Doarme liniștită.
"Pot intra?" întreabă Robert.
"O, Robert. Intră. Ce faci?" răspunde Paul.
"Bine. Mulțumesc. Tu ce faci?" spune Robert.
"Mulțumesc. Și eu la fel. Stai jos," răspunde Paul.
Robert se așază pe un scaun.
"Știi că sunt membru într-un club de parașutiști. Astăzi avem un spectacol aerian," spune Robert. "Voi face câteva salturi."
"Este foarte interesant," răspunde Paul. "Poate că vin să văd spectacolul aerian."
"Dacă vrei, te pot lua cu mine și poți zbura cu un avion," spune Robert.
"Serios? Ar fi minunat!" spune Paul. "La ce oră este spectacolul aerian?"
"Începe la ora 10 dimineața," răspunde Robert. "Vine și David. Apropo, avem nevoie de ajutor pentru a arunca din avion un parașutist umplut cu paie. Poți să ajuți?"
"Un parașutist umplut? De ce?" întreabă Paul surprins.
"Știi, face parte din spectacol," spune Robert. "Aceasta este o cascadorie de salvare a vieții. Parașutistul fals cade. În acel moment, un parașutist real zboară către el, îl prinde și își

Es ist Morgen. Robert kommt in Pauls Zimmer. Paul sitzt am Tisch und schreibt etwas. Pauls Katze Favorite sitzt auf Pauls Bett. Sie schläft ruhig.

"Kann ich reinkommen?", fragt Robert.
"Oh, Robert. Komm rein. Wie geht's dir?", antwortet Paul.
"Gut, danke. Und dir?", sagt Robert.
"Danke, auch gut. Setz dich", antwortet Paul.
Robert setzt sich auf einen Stuhl.
"Du weißt doch, dass ich Mitglied in einem Fallschirmspringerverein bin. Wir haben heute eine Flugschau", sagt Robert. "Ich werde ein paar Sprünge machen."
"Das ist interessant", antwortet Paul. "Ich komme vielleicht zuschauen."
"Wenn du willst, kann ich dich mitnehmen und du kannst in einem Flugzeug mitfliegen", sagt Robert.
"Echt? Das wäre super!", ruft Paul. "Um wie viel Uhr ist die Flugschau?"
"Sie fängt um zehn Uhr morgens an", antwortet Robert. "David kommt auch. Übrigens, wir brauchen Hilfe, eine Fallschirmspringerpuppe aus dem Flugzeug zu werfen. Kannst du helfen?"
"Eine Fallschirmspringerpuppe? Warum?", fragt Paul überrascht.
"Ach, weißt du, das ist ein Teil der Schau", sagt Robert. "Es ist ein Rettungstrick. Die Puppe fällt herunter. In dem Moment fliegt ein echter

deschide propria parașută. 'Omul' este salvat!"
"Grozav!" răspunde Paul. "Vă ajut. Să mergem!"
Paul și Robert merg afară. Ajung la stația de autobuz Olympic și iau un autobuz. Durează doar zece minute să ajungă la spectacolul aerian. Când coboară din autobuz, îl văd pe David.
"Salut, David," spune Robert. "Sa mergem la avion."
Ei văd o echipă de parașutiști la avion. Șeful echipei este îmbrăcat în pantaloni roșii și o geacă roșie.
"Bună, Martin," spune Robert. "Paul și David ne ajută la cascadoria de salvare a vieții."
"Bine. Parașutistul fals este aici," spune Martin. El le dă parașutistul fals. Parașutistul fals este îmbrăcat în pantaloni roșii și geacă roșie.
"Este îmbrăcat ca și tine," spune David, zâmbindu-i lui Martin.
"Nu avem timp să vorbim despre asta," spune Martin. "Luați-l cu voi în acest avion."
Paul și David duc parașutistul fals în avion. Ei se pun lângă pilot. Toată echipa de parașutiști, în afara șefului, se urcă în avion. Ei închid ușa. În cinci minute, avionul este în aer. Când zboară deasupra orașului San Francisco, David își vede propria casă.
"Uite! Casa mea este acolo!" strigă David.
Paul se uită pe fereastră la străzi, piețe și parcuri. Este minunat să zbori cu avionul.
"Pregătiți-vă să săriți!" strigă pilotul.
Parașutiștii se ridică. Ei deschid ușa.
"Zece, nouă, opt, șapte, șase, cinci, patru, trei, doi, unu. Haideți!" strigă pilotul.
Parașutiștii încep să sară din avion. Publicul aflat la sol vede parașute roșii, verzi, albe, albastre și galbene. Arată foarte frumos. Și Martin, șeful echipei, se uită în sus.
Parașutiștii zboară în jos și unii deja aterizează.
"OK. Bună treabă, băieți," spune Martin și merge la o cafenea din apropiere pentru a bea niște cafea. Spectacolul aerian continuă.
"Pregătiți-vă pentru cascadoria de salvare a vieții!" strigă pilotul.
David și Paul duc parașutistul fals la ușă.
"Zece, nouă, opt, șapte, șase, cinci, patru, trei,

Fallschirmspringer zu ihr, fängt sie und öffnet seinen eigenen Fallschirm. Der ‚Mann' ist gerettet!"
„Toll!", antwortet Paul. „Ich helfe. Lass uns gehen!"
Paul und Robert gehen nach draußen. Sie kommen zur Bushaltestelle Olympic und nehmen einen Bus. Es dauert nur zehn Minuten bis zur Flugschau. Als sie aus dem Bus steigen, sehen sie David.

„Hallo David", sagt Robert. „Lass uns zum Flugzeug gehen."
Beim Flugzeug sehen sie eine Fallschirmspringermannschaft. Der Führer der Mannschaft hat eine rote Hose und eine rote Jacke an.
„Hallo Martin", sagt Robert. „Paul und David helfen beim Rettungstrick."
„Okay. Hier ist die Puppe", sagt Martin. Er gibt ihnen die Fallschirmspringerpuppe. Die Puppe trägt eine rote Hose und eine rote Jacke.

„Sie trägt die gleiche Kleidung wie du", sagt David und grinst Martin an.
„Wir haben keine Zeit, darüber zu reden", sagt Martin. „Nehmt sie mit in dieses Flugzeug."
Paul und David bringen die Puppe ins Flugzeug. Sie setzen sich neben den Piloten. Die ganze Fallschirmspringermannschaft außer ihrem Führer besteigt das Flugzeug. Sie schließen die Tür. Nach fünf Minuten ist das Flugzeug in der Luft. Als es über San Francisco fliegt, sieht David sein Haus.
„Schau! Da ist mein Haus!", ruft David.
Paul sieht aus dem Fenster auf Straßen, Plätze und Parks. Es ist toll, in einem Flugzeug zu fliegen.
„Zum Sprung bereit machen!", ruft der Pilot. Die Fallschirmspringer stehen auf. Sie öffnen die Tür.
„Zehn, neun, acht, sieben, sechs, fünf, vier, drei, zwei, eins! Los!", ruft der Pilot.
Die Fallschirmspringer beginnen, aus dem Flugzeug zu springen. Das Publikum auf dem Boden sieht rote, grüne, weiße, blaue und gelbe Fallschirme. Es sieht sehr schön aus. Martin, der Führer der Mannschaft, schaut auch nach oben. Die Fallschirmspringer fliegen nach unten und einige landen bereits.
„Okay, gute Arbeit, Jungs", sagt Martin und geht in ein Café in der Nähe, um Kaffee zu trinken.
Die Flugschau geht weiter.
„Für den Rettungstrick bereit machen!", ruft der Pilot. David und Paul bringen die Puppe zur Tür.
„Zehn, neun, acht, sieben, sechs, fünf, vier, drei, zwei, eins! Los!", ruft der Pilot.

doi, unu. Haideți!" strigă pilotul.
Paul și David împing afară pe ușă parașutisul umplut cu paie. Acesta cade în afară, dar apoi rămâne atârnat. Mâna de cauciuc s-a prins de o parte metalică a avionului.
"Haideți, băieți!" strigă pilotul.
Băieții trag cu toată puterea de parașutistul fals, dar nu îl pot scoate.
Publicul de la sol vede un om în roșu la ușa avionului. Alți doi oameni încearcă să-l împingă. Oamenilor nu le vine să creadă. Durează cam un minut. Apoi parașutisul în roșu cade. Un alt parașutist sare din avion și încearcă să-l prindă. Dar nu reușește. Parașutistul în roșu cade în continuare. El cade prin acoperișul cafenelei. Publicul privește amuțit. Apoi, oamenii văd un om îmbrăcat în roșu fugind din cafenea. Omul în roșu este Martin, șeful echipei de parașutiști. Lumea însă crede că el este parașutistul care a căzut. Se uită în sus și zbiară furios, "Dacă nu puteți prinde un om, atunci nu încercați!"
Publicul rămâne tăcut.
"Tată, acest om este foarte puternic," spune o fetiță către tatăl ei.
"Este bine antrenat," răspunde tatăl.
După spectacolul aerian, Paul și David merg la Robert.
"Cum ne-am descurcat?" întrebă David.
"Ăăă… Foarte bine. Mulțumesc," răspunde Robert.
"Dacă ai nevoie de ajutor, doar spune," zice Paul.

Paul und David stoßen die Puppe aus der Tür. Sie fällt heraus, bleibt dann aber hängen. Ihre Gummihand ist an einem Metallteil des Flugzeugs hängen geblieben.
„Los, auf, Jungs!", ruft der Pilot.
Die Jungs ziehen mit aller Kraft an der Puppe, aber sie bekommen sie nicht los.
Das Publikum unten auf dem Boden sieht einen Mann in Rot gekleidet in der Flugzeugtür. Zwei andere Männer versuchen, ihn herauszustoßen. Die Leute trauen ihren Augen nicht. Es dauert etwa eine Minute. Dann fällt der Fallschirmspringer in Rot nach unten. Ein anderer Fallschirmspringer springt aus dem Flugzeug und versucht, ihn zu fangen. Aber er schafft es nicht. Der Fallschirmspringer in Rot fällt weiter. Er fällt durch das Dach in das Café. Das Publikum sieht schweigend zu. Dann sehen die Leute einen in rot gekleideten Mann aus dem Café rennen. Der Mann in Rot ist Martin, der Führer der Fallschirmspingermannschaft. Aber das Publikum denkt, dass er der abgestürzte Fallschirmspringer ist. Er schaut nach oben und ruft wütend: „Wenn ihr einen Mann nicht fangen könnt, dann versucht es nicht!"
Das Publikum ist still.
„Papa, dieser Mann ist sehr stark", sagt ein kleines Mädchen zu ihrem Vater.
„Er ist gut trainiert", antwortet der Vater.
Nach der Flugschau gehen David und Paul zu Robert.
„Wie war unsere Arbeit?", fragt David.
„Ähm... Oh, sehr gut. Danke", antwortet Robert.
„Wenn du Hilfe brauchst, sag es einfach", sagt Paul.

17

Oprește gazul!
Mach das Gas aus!

A

Cuvinte
Vokabeln

1. a cere, a ordona - befehlen
2. a deveni, a se face - werden
3. a încălzi - aufwärmen
4. a încremeni - erstarren
5. a opri - ausmachen
6. a porni - anmachen
7. a se extinde - übergreifen
8. a se întoarce, a roti - drehen
9. a spune - sagen
10. a uita - vergessen
11. a umple - füllen
12. bilet - die Fahrkarte
13. cald - warm
14. ceainic - der Kessel
15. cine - wer
16. de aceea - deswegen
17. domiciliat, care locuiește - wohnhaft
18. douăzeci - zwanzig
19. foc - das Feuer
20. gară - der Bahnhof
21. gaz - das Gas
22. grădiniță - der Kindergarten
23. grijului - sorgfältig
24. imediat - sofort
25. între timp - in der Zwischenzeit
26. kilometru - der Kilometer
27. moment - der Moment
28. palid - blass
29. patruzeci și patru - vierundvierzig
30. piscuță - die Miezekatze
31. rapid - schnell
32. receptor - der Telefonhörer
33. robinet - der Wasserhahn
34. sandviș - das Butterbrot

35. secretară - die Sekretärin
36. sentiment - das Gefühl
37. străin - fremd
38. subit - plötzlich
39. sunet - das Klingeln; a suna - klingeln

40. totul - alles
41. tren - der Zug
42. unsprezece - elf
43. viclean - schlau
44. voce - die Stimme

B

Oprește gazul!

Este șapte dimineața. David și Nancy dorm. Mama lor este în bucătărie. Numele mamei este Linda. Linda are patruzeci și patru de ani. Ea este o femeie grijulie. Linda curăță bucătăria înainte să meargă la lucru. Ea este secretară. Ea lucrează la douăzeci de kilometri de San Francisco. De obicei, Linda merge la serviciu cu trenul.
Ea merge afară. Gara este în apropiere, așa că Linda merge până acolo pe jos. Ea cumpără un bilet și se urcă în tren. Durează cam douăzeci de minute până la locul ei de muncă. Linda stă în tren și se uită pe geam.
Dintr-o dată, încremenește. Ibricul! Este pe aragaz, iar ea a uitat să oprească gazul! David și Nancy dorm. Focul se poate extinde spre mobilă și atunci... Linda se face palidă. Dar este o femeie deșteaptă și în scurt timp știe ce e de făcut. Ea roagă o femeie și un bărbat, care stau lângă ea, să sune acasă la ea și să-i spună lui David despre ceainic.
Între timp, David se trezește, se spală și merge în bucătărie. El ia ceainicul de pe masă, îl umple cu apă și-l pune pe aragaz. Apoi ia pâine și unt și face sandvișuri. Nancy vine în bucătărie.
"Unde este pisicuța mea?" întreabă ea.
"Nu știu," răspunde David. "Du-te la baie și spală-te pe față. Bem ceai și mâncăm sandvișuri acum. Apoi te duc la grădiniță."
Nancy nu vrea să se spele. „Nu pot să deschid robinetul," spune ea viclean.
"Te ajut," spune fratele ei. În acest moment sună telefonul. Nancy aleargă repede la telefon și ia receptorul.
"Alo. Aici este grădina zoologică. Și acolo cine e?" spune ea. David îi ia receptorul și spune.
"Alo. Aici este David."

Mach das Gas aus!

Es ist sieben Uhr morgens. David und Nancy schlafen. Ihre Mutter ist in der Küche. Die Mutter heißt Linda. Linda ist vierundvierzig. Sie ist eine sorgfältige Frau. Linda putzt die Küche, bevor sie zur Arbeit geht. Sie ist Sekretärin. Sie arbeitet zwanzig Kilometer außerhalb von San Francisco. Linda fährt normalerweise mit dem Zug zur Arbeit.
Sie geht nach draußen. Der Bahnhof ist in der Nähe, deswegen geht Linda zu Fuß dorthin. Sie kauft eine Fahrkarte und steigt ein. Es dauert etwa zwanzig Minuten bis zu ihrer Arbeit. Linda sitzt im Zug und schaut aus dem Fenster.
Plötzlich erstarrt sie. Der Kessel! Er steht auf dem Herd und sie hat vergessen, das Gas auszumachen. David und Nancy schlafen. Das Feuer kann auf die Möbel übergreifen und dann... Linda wird blass. Aber sie ist eine intelligente Frau und kurz darauf weiß sie, was zu tun ist. Sie bittet eine Frau und einen Mann, die neben ihr sitzen, bei ihr zu Hause anzurufen und David über den Kessel zu informieren.
In der Zwischenzeit steht David auf, wäscht sich und geht in die Küche. Er nimmt den Kessel vom Tisch, füllt ihn mit Wasser und stellt ihn auf den Herd. Dann nimmt er Brot und Butter und macht Butterbrote. Nancy kommt in die Küche.
„Wo ist meine kleine Miezekatze?", fragt sie.
„Ich weiß es nicht", antworte David. „Geh ins Bad und wasch dein Gesicht. Wir trinken jetzt Tee und essen Brote. Dann bring ich dich in den Kindergarten."
Nancy will sich nicht waschen. „Ich kann den Wasserhahn nicht anmachen", sagt sie schlau.
„Ich helfe dir", sagt ihr Bruder. In diesem Moment klingelt das Telefon. Nancy rennt schnell zum Telefon und nimmt den Hörer ab.
„Hallo, hier ist der Zoo. Und wer ist da?", sagt sie. David nimmt ihr den Hörer weg und sagt: „Hallo, David hier."

"Tu esti David Tweeter, care locuiește pe strada Queen la numărul unsprezece?" întreabă vocea unei femei străine.

"Da," răspunde David.

"Du-te imediat în bucătărie și oprește gazul!" strigă vocea femeii.

"Cine sunteți? De ce trebuie să opresc gazul?" întreabă David surprins.

"Fă-o acum!" îi ordonă vocea.

David oprește gazul. Nancy și David se uită la ceainic surprinși.

"Nu înțeleg," spune David. "De unde știe femeia asta că vrem să bem ceai?"

"Mi-e foame," spune sora lui. "Când mâncăm?"

"Și mie mi-e foame," spune David și pornește din nou gazul. În acel moment sună telefonul din nou.

"Alo," spune David.

"Tu ești David Tweeter care locuiește pe strada Queen la numărul unsprezece?" întreabă vocea unui om străin.

"Da" răspunde David.

"Oprește gazul imediat! Ai grijă!" îi ordonă vocea.

"Bine," spune David și oprește din nou gazul.

"Să mergem la grădiniță," îi spune David lui Nancy, simțind că nu vor bea ceai astăzi.

"Nu. Vreau ceai și pâine cu unt," spune Nancy furioasă.

"Bine. Hai să încercăm să încălzim din nou ceainicul," spune fratele ei și pornește gazul. Telefonul sună, iar de data aceasta mama lor le ordonă să oprească gazul. Apoi le explică totul. Într-un final, Nancy și David beau ceai și merg la grădiniță.

„Bist du David Tweeter, wohnhaft in der Queen Straße elf?", fragt die Stimme einer fremden Frau.

„Ja", antwortet David.

„Geh sofort in die Küche und mach das Gas aus", ruft die Stimme der Frau.

„Wer sind Sie? Warum soll ich das Gas ausmachen?", fragt David überrascht.

„Mach es jetzt!", befielt die Stimme.

David macht das Gas aus. Nancy und David sehen verwundert auf den Kessel.

„Ich verstehe das nicht", sagt David. „Woher weiß diese Frau, dass wir Tee trinken wollten?"

„Ich habe Hunger", sagt seine Schwester. „Wann essen wir?"

„Ich habe auch Hunger", sagt David und macht das Gas wieder an. In diesem Moment klingelt das Telefon wieder.

„Hallo", sagt David.

„Bist du David Tweeter, wohnhaft in der Queen Straße elf?", fragt die Stimme eines fremden Mannes.

„Ja", antwortet David.

„Mach sofort das Gas aus! Sei vorsichtig!", befiehlt die Stimme.

„Okay", sagt David und macht das Gas wieder aus.

„Lass uns in den Kindergarten gehen", sagt David zu Nancy in dem Gefühl, dass sie heute keinen Tee trinken werden.

„Nein. Ich will Tee und Brot mit Butter", sagt Nancy wütend.

„Gut, lass uns versuchen, den Kessel wieder zu wärmen", sagt ihr Bruder und stellt das Gas an. Das Telefon klingelt und dieses Mal befiehlt ihre Mutter, das Gas abzustellen. Dann erklärt sie alles. Endlich trinken Nancy und David Tee und gehen in den Kindergarten.

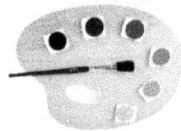

18

O agenție pentru ocuparea forței de muncă
Eine Arbeitsvermittlung

A

Cuvinte
Vokabeln

1. a asculta cu atenție - genau zuhören
2. a duce la ceva - führen
3. a fi de acord - einverstanden sein
4. a fost - war
5. a lăsa - lassen
6. a oferi consultanță, a sfătui - beraten
7. a recomanda - empfehlen
8. a se cunoaște reciproc - sich kennen
9. a tremura - zittern
10. același - der / die / das Gleiche
11. ajutor, asistent - der Helfer
12. a-și face griji - sich Sorgen machen
13. braț - der Arm
14. cablu - das Kabel
15. cărunt - grauhaarig
16. cincisprezece - fünfzehn
17. confuz - verwirrt
18. consultant - der Berater
19. cu grijă - vorsichtig
20. curent - der Strom
21. desigur - klar, sicher
22. editură - der Verlag
23. electric - elektrisch
24. experiență - die Erfahrung
25. în același timp - gleichzeitig
26. individual - einzeln
27. jumătate - halb
28. lucru manual - die Handarbeit
29. mortal - tödlich
30. muncă mentală - die Kopfarbeit

31. număr - die Nummer
32. Nu-ți face griji! - Mach dir keinen Kopf!
33. oraș - die Stadt
34. pe oră - pro Stunde
35. podea - der Boden
36. poveste - die Geschichte
37. poziție - die Position
38. precum - da, wie
39. puternic - stark
40. șaizeci - sechzig
41. saltea - die Matratze
42. serios - ernst
43. și - auch
44. toate - round vielseitig, alles könnend

B

O agenție pentru ocuparea forței de muncă

Într-o zi, Paul merge în camera lui Robert și îl vede pe prietenul lui tremurând întins pe pat. Paul vede niște cabluri electrice, care duc de la Robert spre ceainicul electric. Paul crede că Robert se află expus unui șoc electric mortal. El merge repede la pat, ia salteaua și trage de ea cu putere. Robert cade pe podea. Apoi se ridică și se uită surprins la Paul.
"Ce-a fost asta?" întreabă Robert.
"Erai sub curent electric," spune Paul.
"Nu, ascultam muzică," spune Robert și arată înspre CD-player-ul său.
"Oh, îmi cer scuze," spune Paul. El este confuz.
"E în regulă. Nu-ți face griji," răspunde Robert liniștit, curățându-și pantalonii.
"David și cu mine mergem la o agenție pentru ocuparea forței de muncă. Vrei să vii cu noi?" întreabă Paul.
"Desigur, hai să mergem împreună," spune Robert. Ei merg afară și iau autobuzul numărul șapte. Le trebuie cam cincisprezece minute până la agenția pentru ocuparea forței de muncă. David este deja acolo. Ei intră în clădire. În fața biroului agenției pentru ocuparea forței de muncă este o coadă lungă. Ei stau la coadă. După o jumătate de oră, ei intră în birou. În cameră se află un scaun și niște rafturi cu cărți. La birou stă un bărbat cărunt. El are cam șaizeci de ani.
"Intrați, băieți!" spune el prietenos. "Luați loc, vă rog."
David, Robert și Paul se așază.
"Numele meu este George Estimator. Sunt consultant pentru locuri de muncă. De obicei, vorbesc cu vizitatorii individual, dar din moment ce sunteți cu toții studenți și vă cunoașteți, vă pot oferi consultanță

Eine Arbeitsvermittlung

Eines Tages kommt Paul in Roberts Zimmer und sieht seinen Freund zitternd auf dem Bett liegen. Paul sieht einige Stromkabel, die von Robert zum Wasserkocher führen. Paul glaubt, dass Robert einen tödlichen Stromschlag abbekommen hat. Er geht schnell zum Bett, nimmt die Matratze und zieht stark daran. Robert fällt auf den Boden. Dann steht er auf und sieht Paul verwundert an.
„Was war das denn?", fragt Robert.
„Du standest unter Strom", sagt Paul.
„Nein, ich habe Musik gehört", sagt Robert und zeigt auf seinen CD-Spieler.
„Oh, Entschuldigung", sagt Paul. Er ist verwirrt.
„Schon gut, mach dir keinen Kopf", sagt Robert ruhig und macht seine Hose sauber.
„David und ich gehen zu einer Arbeitsvermittlung. Willst du mitkommen?", fragt Paul.
„Klar, lass uns zusammen gehen", sagt Robert. Sie gehen nach draußen und nehmen den Bus Nummer 7. Sie brauchen etwa fünfzehn Minuten bis zur Arbeitsvermittlung. David ist schon dort. Sie betreten das Gebäude. Vor dem Büro der Arbeitsvermittlung ist eine lange Schlange. Sie stellen sich an. Nach einer halben Stunde betreten sie das Büro. Im Zimmer sind ein Stuhl und ein paar Bücherregale. Am Tisch sitzt ein grauhaariger Mann. Er ist etwa sechzig.
„Kommt rein, Jungs", sagt er freundlich. „Setzt euch, bitte."
David, Robert und Paul setzen sich.
„Ich bin Georg Estimator. Ich bin Arbeitsberater. Normalerweise spreche ich einzeln mit Besuchern. Aber da ihr alle Studenten seid und euch kennt, kann ich euch zusammen beraten. Seid ihr einverstanden?"
„Ja", sagt David. „Wir haben drei, vier Stunden frei

împreună. Sunteți de acord?"
"Da," spune David. "Avem trei, patru ore timp liber în fiecare zi. Avem nevoie de un job în acest timp."
"Bine. Am niște locuri de muncă pentru studenți. Iar tu, oprește CD-player-ul," îi spune domnul Estimator lui Robert.
"Vă pot asculta și pe dumneavoastră și muzica în același timp," spune Robert.
"Dacă într-adevăr vrei un loc de muncă, oprește muzica și ascultă-mă cu atenție," spune domnul Estimator. "Deci, ce fel de loc de muncă vreți? Vreți muncă intelectuală sau muncă fizică?"
"Pot face orice fel de muncă," spune Paul. "Sunt puternic. Vreți să vedeți?" întrebă el și-și proptește brațul de masa domnului Estimator.
"Aici nu este club sportiv, dar dacă vrei..." spune domnul Estimator. Își proptește brațul de masă și doboară rapid brațul lui Paul. "După cum vezi, nu trebuie să fii doar puternic, ci și viclean."
"Pot face și muncă intelectuală," spune Paul. El vrea neapărat un loc de muncă. "Pot scrie povești. Am niște povești despre orașul meu natal."
"Foarte interesant," spune domnul Estimator. El ia o coală de hârtie. "Editura 'All-round' are nevoie de un asistent tânăr pentru o poziție de scriitor. Plătesc nouă dolari pe oră."
"Super!" spune Paul. "Pot încerca?"
"Desigur. Aici sunt numărul lor de telefon și adresa," spune domnul Estimator și-i dă lui Paul o foaie de hârtie.
"Iar voi, băieți, puteți alege între un loc de muncă la o fermă, la o firmă IT, la un ziar sau într-un supermarket. Fiindcă nu aveți experiență, vă recomand să începeți cu munca la fermă. Au nevoie de doi lucrători," le spune domnul Estimator lui David si Robert.
"Cât plătesc?" întrebă David.
"Să vedem..." Domnul Estimator se uită în calculator. "Au nevoie de lucrători pentru trei sau patru ore pe zi și plătesc șapte dolari pe oră. Sâmbăta și duminca sunt zile libere. Sunteți de acord?" întrebă el.
"Da, eu sunt," spune David.
"Și eu," spune Robert.
"Bine. Luați numărul de telefon și adresa fermei," spune domnul Estimator și le dă o foaie de hârtie.
"Mulțumim, domnule Estimator," spun băieții și merg afară.

pro Tag. Wir brauchen für diese Zeit einen Job."
„Gut, ich habe ein paar Jobs für Studenten. Und du, mach deinen CD-Spieler aus", sagt Herr Estimator zu Robert.
„Ich kann gleichzeitig Ihnen zuhören und Musik hören", sagt Robert.
„Wenn du ernsthaft einen Job willst, mach die Musik aus und hör mir genau zu", sagt Herr Estimator.
„Also, was für einen Job wollt ihr denn. Wollt ihr Hand- oder Kopfarbeit?
„Ich kann jede Arbeit machen", sagt Paul. „Ich bin stark. Wollen Sie es testen?", fragt er und stützt seinen Arm auf Herrn Estimators Tisch auf.
„Das hier ist kein Sportverein, aber wenn du willst..." sagt Herr Estimator. Er stützt seinen Arm auf den Tisch auf und drückt Pauls Arm schnell nach unten. „Wie du siehst, musst du nicht nur stark, sondern auch schlau sein."
„Ich kann auch Denkarbeit machen", sagt Paul. Er will unbedingt einen Job. „Ich kann Geschichten schreiben. Ich habe ein paar Geschichten über meine Heimatstadt."
„Das ist sehr interessant", sagt Herr Estimator. Er greift nach einem Blatt Papier. „Der Verlag ‚All-Round' braucht einen jungen Helfer als Schreiber. Sie zahlen neun Dollar pro Stunde."
„Super", sagt Paul. „Kann ich das versuchen?"
„Natürlich. Hier sind Telefonnummer und Adresse", sagt Herr Estimator und gibt Paul ein Blatt Papier.
„Und ihr Jungs könnt zwischen einem Job auf einem Bauernhof, in einer Computerfirma, bei einer Zeitung oder im Supermarkt wählen. Da ihr keine Erfahrung habt, empfehle ich euch, mit der Arbeit auf dem Bauernhof anzufangen. Sie brauchen zwei Arbeiter", sagt Herr Estimator zu David und Robert.
„Wie viel zahlen sie?", fragt David.
„Mal sehen..." Herr Estimator schaut auf den Computer. „Sie brauchen Arbeiter für drei oder vier Stunden am Tag und zahlen sieben Dollar pro Stunde. Samstag und Sonntag sind frei. Seid ihr einverstanden?", fragt er.
„Ja, bin ich", sagt David.
„Ich auch", sagt Robert.
„Gut, nehmt die Telefonnummer und die Adresse des Bauernhofs", sagt Herr Estimator und gibt ihnen eine Blatt Papier.
„Dankeschön, Herr Estimator", sagen die Jungs und gehen nach draußen.

19

David și Robert spală camionul (partea 1)
David und Robert waschen den Laster (Teil 1)

A

Cuvinte
Vokabeln

1. a ajunge - ankommen
2. a aștepta - warten
3. a descărca - abladen
4. a face curat - sauber machen, putzen
5. a folosi - benutzen
6. a frâna - bremsen
7. a încărca - laden
8. a începe - anfangen
9. a legăna - schaukeln
10. a păși - treten
11. a pluti - treiben
12. a spăla - waschen, putzen
13. a verifica - kontrollieren
14. al doilea - zweiter
15. al nouălea - neunter
16. al optulea - achter
17. al patrulea - vierter
18. al șaptelea - siebter
19. al șaselea - sechster
20. al treilea - dritter
21. al zecelea - zehnter
22. angajator - der Arbeitgeber
23. câmp - das Feld
24. carnet de conducere - der Führerschein
25. curte - der Hof
26. cutie - die Kiste
27. de-a lungul - entlang
28. departe - weit

29. destul de - ziemlich
30. frână - die Bremse
31. în faţa - vorn
32. încet - langsam
33. la început - erst
34. mai aproape - näher
35. mai departe - weiter
36. mai mare - größer
37. mare - das Meer
38. maşină - die Maschine
39. metru - der Meter
40. motor - der Motor
41. mult - viel
42. (pe) aproape - nahe
43. potrivit - passend
44. proprietar - der Besitzer
45. putere - die Stärke
46. roată - das Rad
47. roţile din faţă - die Vorderräder
48. sămânţă - das Saatgut
49. stradă - die Straße
50. ţărm - die Küste
51. val - die Welle
52. vapor - das Schiff

B

David şi Robert spală camionul (partea 1)

David şi Robert lucrează la o fermă acum. Ei lucrează trei-patru ore pe zi. Munca este destul de grea. Ei trebuie să lucreze mult în fiecare zi. Ei curăţă curtea fermei la fiecare două zile. Ei spală maşinile în fiecare a treia zi. În fiecare a patra zi, ei lucrează pe câmpuri.
Numele angajatorului lor este Daniel Tough. Domnul Togh este proprietarul fermei şi face cea mai mare parte din treabă. Domnul Tough lucrează intens. El le dă mult de lucru şi lui David şi Robert.
"Hei, băieţi, terminaţi de curăţat maşinile, iar apoi mergeţi cu camionul la firma de transport 'Rapid'," spune domnul Tough. "Au o încărcătură pentru mine. Încărcaţi cutiile cu seminţe în camion, aduceţi-le la fermă şi descărcaţi-le în curte. Grăbiţi-vă, pentru că îmi trebuie seminţele astăzi. Şi nu uitaţi să spălaţi camionul."
"Bine," spune David. Ei termină de curăţat maşina şi se urcă în camion. David are carnet de conducere, aşa că el conduce. Porneşte motorul şi conduce, la început încet, prin curtea fermei, apoi repede, de-a lungul străzii. Firma de transport Rapid nu este departe de fermă. Ei ajung acolo în cincisprezece minute. Acolo, ei caută uşa de încărcare numărul zece.
David conduce cu grijă camionul prin curte. Ei trec de prima uşă de încărcare, de a doua, de a

David und Robert waschen den Laster (Teil 1)

David und Robert arbeiten jetzt auf einem Bauernhof. Sie arbeiten drei, vier Stunden am Tag. Die Arbeit ist ziemlich schwer. Sie müssen jeden Tag viel arbeiten. Sie machen den Hof jeden zweiten Tag sauber. Sie putzen die Maschinen jeden dritten Tag. Jeden vierten Tag arbeiten sie auf den Feldern. Ihr Arbeitgeber heißt Daniel Tough. Herr Tough ist der Besitzer des Bauernhofs und macht die meiste Arbeit. Herr Tough arbeitet sehr hart. Er gibt David und Robert auch viel Arbeit.
„Hey Jungs, macht die Maschinen fertig sauber und fahrt dann mit dem Laster zur Transportfirma ‚Rapid'", sagt Herr Tough. „Sie haben eine Ladung für mich. Ladet die Kisten mit dem Saatgut auf den Laster, bringt sie zum Bauernhof und ladet sie auf dem Hof ab. Beeilt euch, denn ich brauche das Saatgut heute. Und vergesst nicht, den Laster zu waschen."
„Okay", sagt David. Sie machen die Maschine fertig sauber und steigen in den Laster. David hat einen Führerschein, deswegen fährt er. Er macht den Motor an, fährt erst langsam durch den Hof und dann schnell die Straße entlang. Die Transportfirma Rapid ist nicht weit vom Bauernhof. Sie kommen dort nach fünfzehn Minuten an. Dort suchen sie die Verladetür Nummer zehn.
David fährt den Laster vorsichtig über den Hof. Sie fahren an der ersten Verladetür vorbei, an der zweiten, an der dritten, an der vierten, an der

treia, de a patra, de a cincea, de a șasea, de a șaptea, de a opta, și apoi de a noua. David conduce către a zecea ușă și se oprește.
"Trebuie să verificăm mai întâi lista de încărcare," spune Robert, care deja are ceva experiență cu listele de încărcare la această firmă. El se duce la încărcătorul care lucrează la ușă și îi dă lista de încărcare. Acesta încarcă repede cinci cutii în camionul lor. Robert verifică cutiile cu grijă. Toate cutiile au numerele de pe lista de încărcare.
"Numerele corespund. Putem pleca acum," spune Robert.
"OK," spune David și pornește motorul. "Cred că putem spăla camionul acum. Este un loc potrivit nu departe de aici."
În cinci minute ajung la țărm.
"Vrei să speli camionul aici?" întrebă Robert surprins.
"Da! Este un loc drăguț, nu-i așa?" spune David.
"Și de unde facem rost de o găleată," întrebă Robert.
"Nu avem nevoie de găleată. Merg foarte aproape de mare. Luăm apă din mare." spune David și conduce foarte aproape de apă. Roțile din față intră în apă și valurile le spală.
"Hai să ieșim și să începem să spălăm," spune Robert.
"Așteaptă puțin. Merg puțin mai aproape," spune David și conduce unu sau doi metri mai departe.
"E mai bine acum."
Deodată vine un val mai mare, iar apa ridică camionul puțin și-l poartă încet mai departe în larg.
"Oprește-te! David, oprește camionul!" strigă Robert. "Suntem deja în apă! Te rog, oprește!"
"Nu se oprește!!" strigă David, apăsând frâna cu toată puterea. "Nu-l pot opri!!"
Camionul plutește încet mai departe în mare, legănându-se pe valuri ca un mic vapor.
(va continua)

fünften, an der sechsten, an der siebten, an der achten und dann an der neunten. David fährt zur zehnten Verladetür und hält an.
„Wir müssen erst die Ladeliste kontrollieren", sagt Robert, der schon Erfahrung mit den Ladelisten in dieser Firma hat. Er geht zum Verlader, der an der Tür arbeitet, und gibt ihm die Ladeliste. Der Verlader lädt schnell fünf Kisten in ihren Laster. Robert kontrolliert die Kisten sorgfältig. Alle Kisten haben Nummern von der Ladeliste.
„Die Nummern stimmen. Wir können jetzt gehen", sagt Robert.
„Okay", sagt David und macht den Motor an. „Ich denke, wir können jetzt den Laster waschen. Nicht weit von hier ist ein passender Ort."
Nach fünf Minuten kommen sie an die Küste.
„Willst du den Laster hier waschen?", fragt Robert überrascht.
„Ja! Schöner Platz, nicht?", sagt David.
„Und woher bekommen wir einen Eimer?", fragt Robert.
„Wir brauchen keinen Eimer. Ich fahre ganz nah ans Meer. Wir nehmen das Wasser aus dem Meer", sagt David und fährt ganz nah ans Wasser. Die Vorderräder stehen im Wasser und die Wellen umspülen sie.
„Lass uns aussteigen und anfangen, zu waschen", sagt Robert.
„Warte kurz, ich fahre noch etwas näher ran", sagt David und fährt ein, zwei Meter weiter. „So ist es besser."
Da kommt eine größere Welle und das Wasser hebt den Laster ein bisschen nach oben und trägt ihn langsam weiter ins Meer.
„Stopp! David, halte den Laster an!", ruft Robert. „Wir sind schon im Wasser! Bitte, halte an!"
„Er hält nicht an!", ruft David und tritt mit aller Kraft die Bremse. „Ich kann ihn nicht anhalten."
Der Laster treibt langsam weiter aufs Meer und schaukelt auf den Wellen wie ein kleines Schiff.
(Fortsetzung folgt)

20

David și Robert spală camionul (partea 2)
David und Robert waschen den Laster (Teil 2)

A

Cuvinte
Vokabeln

1. a concedia - feuern
2. a dirija, a mâna (vehicule) - lenken
3. a elibera - freisetzen
4. a fotografia - fotografieren; fotograf - der Fotograf
5. a hrăni - füttern
6. a informa - informieren, mitteilen
7. a înghiți - (hinunter) schlucken
8. a înota - schwimmen
9. a pluti - treiben
10. a râde - lachen
11. a reabilita - gesund pflegen
12. a salva - retten
13. a se bucura - Spaß haben, genießen
14. a se întâmpla - passieren
15. accident - der Unfall
16. asasin - der Mörder
17. balenă - der Wal; balena ucigșă - der Schwertwal
18. bani - das Geld
19. ceremonie - die Feier
20. constant - beständig
21. control - die Kontrolle
22. cu un an în urmă - vor einem Jahr
23. curățat - gesäubert
24. de exemplu - zum Beispiel
25. discurs - die Rede
26. douăzeci și cinci - fünfundzwanzig
27. drag, dragă - lieber, liebe
28. dreapta - rechts
29. erau, au fost - waren
30. exemplu - das Beispiel

31. flux - der Fluss
32. în urmă - vor
33. întâmplat - passiert
34. jurnalist - der Journalist
35. mâine - morgen
36. mal - die Küste
37. minunat - wunderbar
38. niciodată - nie
39. pasăre - der Vogel

40. reabilitare - die Genesung, Rehabilitation
41. serviciul de salvare - der Rettungsdienst
42. situație - die Situation
43. stânga - links
44. tanc petrolier - der Tanker
45. ulei - das Öl
46. vânt - der Wind
47. voia, a vrut - wollte

B

David și Robert spală camionul (partea 2)

Camionul plutește încet pe mare, legănându-se pe valuri ca un mic vapor. David întoarce la stânga și la dreapta, apăsând frâna și accelerația. Dar el nu poate controla camionul. Un vânt puternic îl poartă de-a lungul țărmului. David și Robert nu știu ce să facă. Ei stau pur și simplu, uitându-se afară pe geam. Apa mării începe să intre în camion.
"Hai să ieșim și să stăm pe acoperiș," spune Robert.
Se așază pe acoperiș.
"Mă întreb ce va spune domnul Tough," spune Robert.
Camionul plutește încet cam douăzeci de metri de țărm. Niște oameni de pe mal se opresc și se uită surprinși.
"Domnul Tough probabil ne va concedia," răspunde David.
Între timp, directorul facultății, domnul Kite, vine la birou. Secretara îi spune că astăzi va avea loc o ceremonie. Ei vor elibera două păsări ca urmare a însănătoșirii lor. Muncitorii de la centrul de reabilitare au curățat uleiul de pe ele, după accidentul cu tancul petrolier Gran Pollución. Accidentul s-a petrecut în urmă cu o lună. Domnul Kite trebuie să țină un discurs acolo. Ceremonia începe în douăzeci și cinci de minute.
Domnul Kite și secretara lui iau un taxi și în zece minute ajung la locul ceremoniei. Cele două păsări sunt deja acolo. Acum nu sunt așa de albe ca de obicei. Dar pot înota și zbura din

David und Robert waschen den Laster (Teil 2)

Der Laster treibt langsam weiter aufs Meer und schaukelt auf den Wellen wie ein kleines Schiff. David lenkt nach links und nach rechts, während er auf die Bremse und aufs Gas tritt. Aber er kann den Laster nicht kontrollieren. Ein starker Wind trägt ihn die Küste entlang. David und Robert wissen nicht, was sie tun sollen. Sie sitzen einfach da und schauen aus dem Fenster. Das Meerwasser beginnt, in den Laster zu laufen.
„Lass uns nach draußen gehen und uns aufs Dach setzen", sagt Robert.
Sie setzen sich aufs Dach.
„Ich frage mich, was Herr Tough sagen wird", sagt Robert.
Der Laster treibt langsam etwa zwanzig Meter von der Küste entfernt. Einige Leute an der Küste bleiben stehen und schauen verwundert.
„Herr Tough wird uns wohl feuern", antwortet David. In der Zwischenzeit kommt der Direktor der Universität, Herr Kite, in sein Büro. Die Sekretärin sagt ihm, dass es heute eine Feier gibt. Sie werden zwei Vögel nach deren Genesung freisetzen. Arbeiter des Rehabilitationszentrums haben sie nach dem Unfall mit dem Tanker Gran Pollución von Öl gesäubert. Der Unfall passierte vor einem Monat. Herr Kite muss dort eine Rede halten. Die Feier beginnt in fünfundzwanzig Minuten.
Herr Kite und seine Sekretärin nehmen ein Taxi und kommen nach zehn Minuten am Ort der Feier an. Die zwei Vögel sind bereits da. Jetzt sind sie nicht so weiß wie normalerweise. Aber sie können wieder schwimmen und fliegen. Es sind viele Menschen,

nou. Acolo sunt mulți oameni, jurnaliști și fotografi. După două minute, începe ceremonia. Domnul Kite își începe discursul. "Dragi prieteni!" spune el. "Accidentul cu tancul petrolier Gran Pollución a avut loc aici acum o lună. Trebuie să îngrijim multe păsări și animale acum. Costă mulți bani. De exemplu, reabilitarea acestor două păsări costă cinci mii de dolari! Și mă bucur să vă pot informa că după o lună de îngrijire, aceste două minunate păsări vor fi eliberate."
Doi bărbați iau cutia cu păsările, o aduc lângă apă și o deschid. Păsările ies din cutie, sar în apă și înoată. Fotografii fac poze. Jurnaliștii îi întreabă pe muncitorii centrului de reabilitare despre animale.
Dintr-odată apare o balenă ucigașă mare, înghite repede păsările și dispare din nou. Toate persoanele se uită spre locul unde fuseseră păsările mai devreme. Directorului facultății nu-i vine să creadă. Balena ucigașă se arată din nou, căutând alte păsări. Pentru că nu mai sunt alte păsări, dispare din nou. Domnul Kite trebuie să își încheie discursul.
"Ăăă..." Își caută cuvintele. "Minunatul și constantul flux al vieții nu se oprește niciodată. Animalele mai mari le mănâncă pe cele mici și așa mai departe... Ăăă... Ce e asta?" întreabă el, uitându-se spre apă. Toți se uită înspre apă și văd un camion mare plutind de-a lungul malului și legănându-se pe valuri ca o corabie. Doi băieți stau pe el, uitându-se spre locul ceremoniei.
"Bună ziua, domnule Kite," spune Robert. "De ce hrăniți balenele ucigașe cu păsări?"
"Bună, Robert," răspunde domnul Kite. "Ce faceți voi acolo, băieți?"
"Voiam să spălăm camionul," spune David.
"Înțeleg," spune domnul Kite. Unii oameni se amuză de situație. Ei încep să râdă.
"Bine. Sun acum la serviciul de salvare. Ei vă vor scoate din apă. Iar mâine vreau să vă văd la mine în birou," spune directorul și sună la serviciul de salvare.

Journalisten und Fotografen da. Zwei Minuten später beginnt die Feier. Herr Kite beginnt seine Rede. "Liebe Freunde", sagt er. "Vor einem Monat passierte an dieser Stelle der Unfall mit dem Tanker Gran Pollución. Wir müssen jetzt viele Vögel und Tiere gesund pflegen. Das kostet viel Geld. Die Rehabilitation dieser zwei Vögel zum Beispiel kostet fünftausend Dollar. Und es freut mich, Ihnen mitteilen zu können, dass diese zwei wunderbaren Vögel nach einem Monat Rehabilitation freigesetzt werden."
Zwei Männer nehmen die Kiste mit den Vögeln, bringen sie zum Wasser und öffnen sie. Die Vögel kommen aus der Kiste, springen ins Wasser und schwimmen. Die Fotografen machen Fotos. Die Journalisten befragen Arbeiter des Rehabilitationszentrums über die Tiere.
Plötzlich taucht ein großer Schwertwal auf, schluckt schnell die zwei Vögel hinunter und verschwindet wieder. Alle Leute sehen auf die Stelle, an der die Vögel zuvor gewesen waren. Der Direktor der Universität traut seinen Augen nicht. Der Schwertwal taucht wieder auf und sucht nach mehr Vögeln. Da es keine Vögel mehr gibt, verschwindet er wieder. Herr Kite muss seine Rede beenden.
"Ähm..." Er sucht nach passenden Worten. "Der wundervolle, beständige Fluss des Lebens hört nie auf. Größere Tiere essen kleinere Tiere und so weiter... Ähm... Was ist das?", fragt er aufs Wasser schauend. Alle schauen aufs Wasser und sehen einen großen Laster, der die Küste entlang treibt und auf den Wellen schaukelt wie ein Schiff. Zwei Jungen sitzen auf ihm und schauen zum Platz der Feier.
"Hallo Herr Kite", sagt Robert. "Warum füttern Sie Schwertwale mit Vögeln?"
"Hallo Robert", antwortet Herr Kite. "Was macht ihr da, Jungs?"
"Wir wollten den Laster waschen", sagt David.
"Alles klar", sagt Herr Kite. Einige Leute beginnen, an der Situation ihren Spaß zu haben. Sie fangen an, zu lachen.
"Gut, ich rufe jetzt den Rettungsdienst. Der wird euch aus dem Wasser holen. Und ich möchte euch morgen in meinem Büro sehen", sagt der Direktor der Universität und ruft den Rettungsdienst.

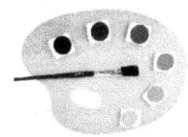

69

21

O lecție
Eine Unterrichtsstunde

A

Cuvinte
Vokabeln

1. a cheltui - ausgeben, verwenden
2. a fi atent la - achten auf
3. a pierde - verlieren
4. a rămâne - bleiben
5. a se ocupa de - sich kümmern um
6. a turna - schütten, gießen
7. aeste lucruri - diese Dinge
8. altul - anders, sonst
9. atenție - die Aufmerksamkeit
10. care - der, die, das *(konj.)*
11. clasă - die Klasse
12. copii - die Kinder
13. fără - ohne
14. fără cuvinte - wortlos
15. fericire - das Glück
16. gol - leer
17. important - wichtig
18. în loc, în schimb - stattdessen
19. încă - noch, weiterhin
20. între - zwischen
21. lucru - das Ding, die Sache
22. mai puțin - weniger
23. medical - medizinisch
24. mereu - immer
25. mic - klein
26. nisip - der Sand
27. părinți - die Eltern
28. piatră - der Stein

29. prieten - der Freund
30. prietenă - die Freundin
31. sănătate - die Gesundheit
32. serios - wirklich
33. televizor - der Fernseher
34. ulcior - der Krug
35. uşor - leicht

O lecţie

Eine Unterrichtsstunde

Directorul universităţii stă în faţa clasei. Pe masa din faţa lui sunt cutii şi alte lucruri. Când începe lecţia, el ia un ulcior mare şi gol şi, fără niciun cuvânt, îl umple cu pietre mari.
"Credeţi că ulciorul este plin?" îi întreabă domnul Kite pe studenţi.
"Da, este," sunt de acord studenţii.
Atunci ia o cutie cu pietre foarte mici şi le toarnă în ulcior. El scutură uşor ulciorul. Bineînţeles, pietrişul ocupă locul dintre pietrele mari.
"Dar acum, ce părere aveţi? Este plin ulciorul sau nu?" întrebă domnul Kite din nou.
"Da, este plin," sunt de acord studenţii din nou. Începe să le placă lecţia. Ei râd.
Apoi, domnul Kite ia o cutie cu nisip şi îl toarnă în ulcior. Bineînţeles, nisipul ocupă spaţiul rămas.
"Acum, vreau să priviţi acest ulcior ca pe viaţa unui om. Pietrele mari sunt lucrurile importante - familia voastră, prietena voastră sau prietenul vostru, sănătatea, copiii, părinţii - lucruri care, dacă pierdeţi totul şi vă rămân doar ele, vă umple viaţa în continuare. Pietrele mici sunt alte lucruri, care au mai puţină importanţă; lucruri precum casa voastră, serviciul sau maşina. Nisipul reprezintă restul - lucrurile nesemnificative. Dacă umpleţi mai întâi ulciorul cu nisip, nu mai rămâne loc pentru pietrele mici sau pentru cele mari. Acelaşi lucru este valabil şi în viaţă. Dacă vă consumaţi tot timpul şi energia cu lucrurile nesemnificative, niciodată nu veţi avea timp pentru lucrurile care vă sunt importante. Fiţi atenţi la lucrurile care sunt cele mai importante pentru fericirea voastră. Jucaţi-vă cu copiii sau părinţii voştri. Faceţi-vă timp pentru controale medicale. Mergeţi cu prietena voastră sau prietenul vostru la o cafenea. Va rămâne mereu timp pentru a merge la servici, a face curăţenie în casă sau a vă uita la televizor," spune domnul

Der Direktor der Universität steht vor der Klasse. Auf dem Tisch vor ihm liegen Kisten und andere Dinge. Als der Unterricht beginnt, nimmt er einen großen, leeren Krug und füllt ihn wortlos mit großen Steinen.
„Meint ihr, dass der Krug schon voll ist?", fragt Herr Kite die Studenten.
„Ja, das ist er", stimmen die Studenten zu.
Da nimmt er eine Kiste mit sehr kleinen Steinen und schüttet sie in den Krug. Er schüttelt den Krug leicht. Die kleinen Steine füllen natürlich den Platz zwischen den großen Steinen.
„Was meint ihr jetzt? Der Krug ist voll, oder nicht?", fragt Herr Kite wieder.
„Ja, das ist er. Er ist jetzt voll", stimmen die Studenten wieder zu. Der Unterricht beginnt, ihnen Spaß zu machen. Sie lachen.
Da nimmt Herr Kite eine Kiste mit Sand und schüttet ihn in den Krug. Der Sand füllt natürlich den restlichen Platz.
„Jetzt möchte ich, dass ihr in diesem Krug das Leben seht. Die großen Steine sind wichtige Dinge - eure Familie, eure Freundin oder euer Freund, Gesundheit, Kinder, Eltern - Dinge, die euer Leben, wenn ihr alles verliert und nur sie bleiben, weiterhin füllen. Kleine Steine sind andere Dinge, die weniger wichtig sind. Dinge wie euer Haus, Job, Auto. Der Sand ist alles andere - die kleinen Dinge. Wenn ihr zuerst Sand in den Krug füllt, bleibt kein Platz für kleine oder große Steine. Das Gleiche gilt fürs Leben. Wenn ihr eure ganze Zeit und Energie für die kleinen Dinge verwendet, werdet ihr nie Platz für die Dinge haben, die euch wichtig sind. Achtet auf Dinge, die für euer Glück am wichtigsten sind. Spielt mit euren Kindern oder Eltern. Nehmt euch die Zeit für medizinische Untersuchungen. Geht mit eurer Freundin oder eurem Freund ins Café. Es wird immer Zeit bleiben, um zu arbeiten, das Haus zu putzen oder fernzusehen", sagt Herr Kite.

Kite. "Ocupați-vă mai întâi de pietrele mari, de lucrurile care sunt cu adevărat importante. Orice altceva este doar nisip." Se uită spre studenți. "Acum, Robert și David, ce este mai important pentru voi - să spălați un camion sau viața voastră? Ați plutit pe un camion în mare ca și pe un vapor, doar pentru că voiați să-l spălați. Credeți că nu există o altă modalitate de a-l spăla?"
"Nu, nu credem asta," spune David.
"Camionul poate fi spălat, în schimb, la un centru de spălare auto, nu-i așa?" spune domnul Kite.
"Da, poate," spun studenții.
"Mereu trebuie să gândiți, înainte de a acționa. Trebuie să vă ocupați mereu de pietrele mari, OK?"
"Da, trebuie," răspund studenții.

„Kümmert euch erst um die großen Steine - um die Dinge, die wirklich wichtig sind. Alles andere ist nur Sand." Er sieht die Studenten an. „Nun, Robert und David, was ist euch wichtiger - einen Laster zu waschen oder euer Leben? Ihr treibt auf einem Laster im Meer wie auf einem Schiff, nur weil ihr den Laster waschen wolltet. Glaubt ihr, dass es keine andere Möglichkeit gibt, ihn zu waschen?"
„Nein, das glauben wir nicht", sagt David.
„Man kann einen Laster stattdessen in einer Waschanlage waschen, nicht wahr?", sagt Herr Kite.
„Ja, das kann man", sagen die Studenten.
„Ihr müsst immer erst nachdenken, bevor ihr handelt. Ihr müsst euch immer um die großen Steine kümmern, okay?"
„Ja, das müssen wir", antworten die Studenten.

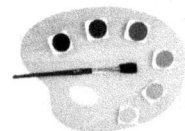

22

Paul lucrează la o editură
Paul arbeitet in einem Verlag

A

Cuvinte
Vokabeln

1. a (se) conversa - sich unterhalten
2. a alerga - laufen
3. a dezvolta - entwickeln
4. a dormi - schlafen
5. a înregistra - aufnehmen
6. a primi - bekommen
7. a refuza - ablehnen
8. a se juca - spielen
9. a suna - anrufen
10. a vinde - verkaufen
11. abilitate - die Fähigkeit
12. afară - draußen
13. amuzant - lustig
14. bip - der Piepton
15. cât de des posibil - so oft wie möglich
16. client - der Kunde
17. compoziție - der Entwurf, der Text
18. compune - entwerfen, verfassen
19. coordonare - die Koordination
20. creativ - kreativ
21. deoarece - da, weil
22. diferit - verschieden
23. etc. - usw.
24. firmă - die Firma
25. gata - fertig
26. greu - schwer
27. întunecat - dunkel
28. lume - die Welt
29. măcar - wenigstens
30. mai ales - vor allem
31. nas - die Nase
32. nimeni - niemand
33. nimic - nichts
34. om - der Mensch

35. ploaie - der Regen
36. posibil - möglich
37. poveste - die Geschichte
38. produce - herstellen
39. profesie - der Beruf
40. răcoare - die Kälte
41. rece - kalt
42. regulă - die Regel
43. revistă - die Zeitschrift
44. robot telefonic - der Anrufbeantworter
45. salut - hallo
46. scară - die Treppe
47. text - der Text
48. treizeci - dreißig
49. trist - traurig
50. viitor - zukünftig
51. ziar - die Zeitung

B

Paul lucrează la o editură

Paul arbeitet in einem Verlag

Paul lucrează ca tânăr asistent la editura "All-round". El se ocupă cu scrisul.
"Paul, numele firmei noastre este 'All-round'," spune directorul firmei, domnul Fox. "Iar aceasta înseamnă că putem crea orice fel de text și design pentru fiecare client. Primim multe comenzi de la ziare, reviste și de la alți clienți. Toate comenzile sunt diferite, dar nu refuzăm niciodată vreuna."
Lui Paul îi place această slujbă foarte mult, pentru că își poate dezvolta abilitățile creative. Îi place munca creativă, precum scrisul si designul. Deoarece studiază design la facultate, acesta este un loc de muncă potrivit pentru viitoarea lui profesie.
Astăzi, domnul Fox are sarcini noi pentru el.
"Avem niște comenzi. Poți efectua două dintre ele," spune domnul Fox. "Prima comandă este de la o companie telefonică. Ei produc telefoane cu roboți. Au nevoie de niște texte amuzante pentru roboții telefonici. Nimic nu se vinde mai bine ca lucrurile amuzante. Compune patru sau cinci texte, te rog."
"Cât de lungi să fie?" întrebă Paul.
"Pot să cuprindă între cinci și treizeci de cuvinte," răspunde domnul Fox. "Cea de-a doua comandă este de la revista 'Lumea verde'. Această revistă scrie despre animale, păsări, pești, etc. Au nevoie de un text despre orice animal de casă. Poate fi amuzant sau trist, sau pur și simplu o poveste despre propriul animal de casă. Ai un animal de casă?"
"Da, am o pisică. Numele ei este Favorite," răspunde Paul. "Și cred că pot scrie o poveste

Paul arbeitet als junger Helfer im Verlag „All-Round". Er erledigt Schreibarbeiten.
„Paul, unsere Firma heißt ,All-Round'", sagt der Firmenchef Herr Fox. „Und das heißt, dass wir für jeden Kunden jede Art von Text und Design entwickeln können. Wir bekommen viele Aufträge von Zeitungen, Zeitschriften und anderen Kunden. Alle Aufträge sind verschieden, aber wir lehnen nie einen ab."
Paul mag diesen Job sehr, da er kreative Fähigkeiten entwickeln kann. Kreative Arbeit wie Schreiben und Design gefällt ihm. Da er Design an der Universität studiert, ist es ein passender Job für seinen zukünftigen Beruf.
Heute hat Herr Fox neue Aufgaben für ihn.
„Wir haben einige Aufträge. Du kannst zwei davon erledigen", sagt Herr Fox. „Der erste Auftrag ist von einer Telefonfirma. Sie stellen Telefone mit Anrufbeantwortern her. Sie brauchen ein paar lustige Texte für die Anrufbeantworter. Nichts verkauft sich besser als etwas Lustiges. Entwirf bitte vier, fünf Texte."
„Wie lang sollen sie sein?", fragt Paul.
„Sie können fünf bis dreißig Wörter haben", antwortet Herr Fox. „Der zweite Auftrag ist von der Zeitung ,Grüne Welt'. Diese Zeitung schreibt über Tiere, Vögel, Fische usw. Sie brauchen einen Text über irgendein Haustier. Er kann lustig oder traurig sein oder einfach eine Geschichte über dein eigenes Haustier. Hast du ein Haustier?"
„Ja, ich habe eine Katze. Sie heißt Favorite", antwortet Paul. „Und ich denke, ich kann eine Geschichte über ihre Streiche schreiben. Wann sollen die Texte fertig sein?"

despre trucurile ei. Când trebuie să fie gata textele?"
"Aceste două comenzi trebuie să fie gata până mâine," răspunde domnul Fox.
"Bine. Pot începe?" întreabă Paul.
"Da," spune domnul Fox.
Paul aduce textele în ziua următoare. El are cinci texte pentru roboții telefonici. Domnul Fox le citește:
1. "Allo. Acum trebuie să spui tu ceva."
2. "Allo. Eu sunt un robot telefonic. Tu ce ești?"
3. "Allo. Nimeni nu este acasă momentan, în afară de robotul meu telefonic. Poți să te conversezi cu el. Așteaptă bip-ul."
4. "Acesta nu este un robot telefonic. Aceasta este o mașină de înregistrare a gândurilor. După bip, gândește-te la numele tău, la motivul pentru care suni și la numărul la care te pot suna înapoi. Și mă voi gândi, dacă te sun înapoi."
5. "Vorbiți după bip! Aveți dreptul să nu spuneți nimic. Voi înregistra și folosi tot ceea ce veți spune."
"Nu e rău. Și ce e cu animalele?" întreabă domnul Fox. Paul îi dă o altă foaie. Domnul Fox citește:

Reguli pentru pisici

Alergatul:
Cât de des posibil, aleargă repede și cât mai aproape prin fața unui om, mai ales: pe scări, când aceștia cară ceva, pe întuneric sau când se trezesc dimineața. Acest lucru le antrenează coordonarea.
În pat:
Dormi mereu noaptea pe un om, astfel încât să nu se poată întoarce în pat. Încearcă să te întinzi peste fața lui. Asigură-te că ai coada fix pe nasul lor.
Dormitul:
Pentru a avea suficientă energie la joacă, o pisică trebuie să doarmă mult (minim 16 ore pe zi). Nu este greu să găsești un loc potrivit pentru dormit. Orice loc în care îi place unui om să stea, este bun. Sunt multe locuri bune și afară. Dar nu le poți folosi atunci când plouă sau când este rece. Poți folosi, în schimb, fereastra deschisă.
Domnul Fox râde.
"Bună treabă, Paul! Cred că revistei 'Lumea verde' îi va plăcea textul tău," spune el.

„Diese zwei Aufträge sollen bis morgen fertig sein", antwortet Herr Fox.
„Gut. Kann ich anfangen?", fragt Paul.
„Ja", sagt Herr Fox.

Paul bringt die Texte am nächsten Tag. Er hat fünf Texte für den Anrufbeantworter. Herr Fox liest sie:
1. „Hallo. Jetzt musst du etwas sagen."
2. „Hallo, ich bin ein Anrufbeantworter. Und was bist du?"
3. „Hallo. Außer meinem Anrufbeantworter ist gerade niemand zu Hause. Du kannst dich mit ihm unterhalten. Warte auf den Piepton."
4. „Das ist kein Anrufbeantworter. Das ist ein Gedankenaufnahmegerät. Nach dem Piepton denke an deinen Namen, den Grund, aus dem du anrufst, und die Nummer, unter der ich dich zurückrufen kann. Und ich werde darüber nachdenken, ob ich dich zurückrufe."
5. „Sprechen Sie nach dem Piepton! Sie haben das Recht, Ihre Aussage zu verweigern. Ich werde alles, was Sie sagen, aufzeichnen und verwenden."
„Nicht schlecht. Und was ist mit den Tieren?", fragt Herr Fox. Paul gibt ihm ein anderes Blatt. Herr Fox liest:

Regeln für Katzen

Laufen:
Renne so oft wie möglich schnell und nahe an einem Menschen vorbei, vor allem: auf Treppen, wenn sie etwas tragen, im Dunkeln und wenn sie morgens aufstehen. Das trainiert ihre Koordination.
Im Bett:
Schlafe nachts immer auf dem Menschen, damit er sich nicht umdrehen kann. Versuche, auf seinem Gesicht zu liegen. Vergewissere dich, dass dein Schwanz genau auf seiner Nase liegt.
Schlafen:
Um genug Energie zum Spielen zu haben, muss eine Katze viel schlafen (mindestens sechzehn Stunden am Tag). Es ist nicht schwer, einen passenden Schlafplatz zu finden. Jeder Platz, an dem ein Mensch gerne sitzt, ist gut. Draußen gibt es auch viele gute Plätze. Du kannst sie aber nicht verwenden, wenn es regnet oder kalt ist. Du kannst stattdessen das offene Fenster verwenden.
Herr Fox lacht.
„Gute Arbeit, Paul! Ich denke, die Zeitung ‚Grüne Welt' wird deinen Entwurf mögen", sagt er.

23

Reguli pentru pisici
Katzenregeln

 A

Cuvinte
Vokabeln

1. a freca - reiben
2. a fugi - weglaufen
3. a fura - stehlen
4. a gândi - denken
5. a iubi - lieben
6. a mușca - beißen
7. a pretinde - vorgeben
8. a primi - bekommen
9. a săruta - küssen
10. a se ascunde - sich verstecken
11. a uita - vergessen
12. anotimp - die (Jahres) zeit
13. care citește - lesend
14. care gătește - kochend
15. copil - das Kind
16. de-a v-ați ascunselea - das Versteckspiel
17. deși - obwohl, trotzdem
18. distracție - der Spaß
19. farfurie - der Teller
20. gustos - lecker
21. în spate - hinter
22. iubire - die Liebe
23. mister - das Rätsel
24. musafir - der Gast
25. orice, nimic - etwas, nichts
26. panică - die Panik; a se panica - in Panik versetzen
27. pas - der Schritt; a păși - treten

28. picior - das Bein
29. planetă - der Planet
30. puțin - wenig; câteva - ein paar
31. șansă - die Chance
32. școală - die Schule
33. secret - das Geheimnis
34. țânțar - die Stechmücke
35. tastatură - die Tastatur
36. teme de casă - die Hausaufgaben
37. toaletă - die Toilette
38. uneori - manchmal, ab und zu
39. vreme - das Wetter

Reguli pentru pisici

"Revista 'Lumea verde' ne-a trimis o nouă comandă," îi spune domnul Fox lui Paul în ziua următoare. "Iar această comandă este pentru tine. Le-a plăcut compunerea ta și vor un text mai lung despre 'Reguli pentru pisici'." Lui Paul îi trebuie două zile pentru acest text. Iată-l.

Reguli secrete pentru pisici
Deși pisicile sunt cele mai bune și mai minunate animale de pe această planetă, ele fac uneori lucruri foarte ciudate. Un om a reușit să fure câteva secrete de-ale pisicilor. Sunt reguli de viață care au drept scop cucerirea lumii! Dar modul în care aceste reguli vor ajuta pisicile, rămâne un mister.
Băile:
Întodeauna du-te cu musafirii în baie și la toaletă. Nu trebuie să faci nimic. Doar stai acolo, privește-i, și freacă-te din când în când de picioarele lor.
Ușile:
Toate ușile trebuie să fie deschise. Pentru a deschide o ușă, pune-te în fața oamenilor, cu o privire tristă. Când se deschide o ușă, nu trebuie să ieși pe ea. Dacă ai deschis ușa de la casă prin această metodă, rămâi gânditoare în dreptul ușii. Acest aspect este important mai ales când e foarte frig sau plouă, sau când e sezonul țânțarilor.
Gătitul:
Poziționează-te mereu fix în spatele piciorului drept al oamenilor care gătesc. Astfel, ei nu te pot vedea și șansa ca să te calce este mai mare. Când se întâmplă asta, ei te iau în brațe și îți oferă ceva bun de mâncat.
Cititul:
Încearcă să ajungi cât mai aproape de fața unui

Katzenregeln

"Die Zeitschrift 'Grüne Welt' hat uns einen neuen Auftrag erteilt", sagt Herr Fox am nächsten Tag zu Paul. "Und dieser Auftrag ist für dich. Ihnen hat dein Entwurf gefallen und sie wollen einen längeren Text über 'Katzenregeln'." Paul braucht zwei Tage für diesen Text. Hier ist er.

Geheime Regeln für Katzen
Obwohl Katzen die besten und wundervollsten Tiere auf diesem Planeten sind, tun sie manchmal sehr seltsame Dinge. Einem Menschen ist es gelungen, ein paar Katzengeheimnisse zu stehlen. Es sind Lebensregeln, um die Weltherrschaft zu übernehmen! Es bleibt jedoch ein Rätsel, wie diese Regeln den Katzen helfen sollen.
Badezimmer:
Gehe immer mit Gästen ins Badezimmer und auf die Toilette. Du musst nichts tun. Sitze einfach nur da, sieh sie an und reibe dich ab und zu an ihren Beinen.

Türen:
Alle Türen müssen offen sein. Um eine Tür zu öffnen, stelle dich mit einem traurigen Blick vor den Menschen. Wenn er eine Tür öffnet, musst du nicht durchgehen. Wenn du auf diese Weise die Haustür geöffnet hast, bleibe in der Tür stehen und denke nach. Das ist vor allem wichtig, wenn es sehr kalt ist oder regnet oder in der Stechmückenzeit.
Kochen:
Setze dich immer genau hinter den rechten Fuß von kochenden Menschen. So können sie dich nicht sehen und die Chance ist größer, dass sie auf dich treten. Wenn das passiert, nehmen sie dich auf den Arm und geben dir etwas Leckeres zu essen.
Lesen:
Versuche, nahe an das Gesicht der lesenden Person zu kommen, zwischen Augen und Buch. Am besten ist es,

om care citeşte, între ochi şi carte. Cel mai bine este să te întinzi pe carte.

Temele de casă ale copiilor:
Stai pe cărţi şi pe caiete şi prefă-te că dormi. Din când în când, sari pe pix. Muşcă, dacă vreun copil încearcă să te dea jos de pe masă.

Calculatorul:
Dacă un om lucrează la calculator, sari pe birou şi aleargă peste tastatură.

Mâncarea:
Pisicile trebuie să mănânce mult. Dar mâncatul reprezintă doar jumătate din distracţie. A doua jumătate este obţinerea mâncării. Când oamenii mănâncă, pune-ţi coada în farfuria lor, atunci când nu se uită. Astfel îţi măreşti şansele de a primi o farfurie întreagă de mâncare. Nu mânca niciodată din propria farfurie, dacă poţi lua mâncare de la masă. Nu bea niciodată din propriul castron, dacă poţi bea din cana unui om.

Ascunsul:
Ascunde-te în locuri în care oamenii nu te pot găsi câteva zile. Acest lucru îi va face pe oameni să se panicheze (ceea ce le place), gândindu-se că ai fugit. Când ieşi din ascunzătoarea ta, te vor pupa şi îşi vor arăta afecţiunea. Şi poate primeşti ceva delicios.

Oamenii:
Rolul oamenilor este să ne hrănească, să se joace cu noi şi să ne cureţe cutia. Este important să nu uite cine este şeful în casă.

sich auf das Buch zu legen.

Hausaufgaben der Kinder:
Lege dich auf Bücher und Hefte und tue so, als ob du schläfst. Springe von Zeit zu Zeit auf den Stift. Beiße, falls ein Kind versucht, dich vom Tisch zu verscheuchen.

Computer:
Wenn ein Mensch am Computer arbeitet, springe auf den Tisch und laufe über die Tastatur.

Essen:
Katzen müssen viel essen. Aber Essen ist nur der halbe Spaß. Die andere Hälfte ist, das Essen zu bekommen. Wenn Menschen essen, lege deinen Schwanz auf ihren Teller, wenn sie nicht hinsehen. Damit vergrößerst du deine Chancen, einen ganzen Teller Essen zu bekommen. Iss nie von deinem eigenen Teller, wenn du Essen vom Tisch nehmen kannst. Trink nie aus deiner eigenen Schüssel, wenn du aus der Tasse eines Menschen trinken kannst.

Verstecken:
Verstecke dich an Orten, an denen dich Menschen ein paar Tage lang nicht finden können. Das wird die Menschen in Panik versetzen (was sie lieben), weil sie glauben, dass du weggelaufen bist. Wenn du aus deinem Versteck hervorkommst, werden sie dich küssen und dir ihre Liebe zeigen. Und du bekommst vielleicht etwas Leckeres.

Menschen:
Die Aufgabe des Menschen ist, uns zu füttern, mit uns zu spielen und unsere Kiste sauber zu machen. Es ist wichtig, dass sie nicht vergessen, wer der Chef im Haus ist.

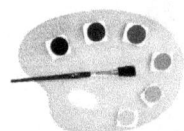

24

Munca în echipă
Gruppenarbeit

A

Cuvinte
Vokabeln

1. a cădea - fallen
2. a continua - fortführen
3. a continua să privească - weiter schauen
4. a dansa - tanzen
5. a dansat - getanzt *(part.)*
6. a distruge - zerstören
7. a învăța - beibringen
8. a lua parte - teilnehmen
9. a muri - sterben
10. a părăsi - verlassen
11. auzi, a auzit - hörte, gehört
12. avu, a avut - hatte, gehabt
13. căpitan - der Kapitän
14. căzu - fiel
15. central - Haupt, zentral
16. coleg - der Kollege
17. dansând - tanzend
18. (el/ea) știu - wusste
19. extraterestru - der Außerirdische
20. floare - die Blume
21. gata, terminat - fertig
22. grădină - der Garten
23. împotriva - gegen
24. în curând - bald
25. începu, a început - begann, begonnen
26. informă, a informat - informierte, mitgeteilt
27. își aminti - erinnerte sich
28. iubi, a iubit - liebte, geliebt
29. laser - der Laser
30. lucrând - arbeitend
31. mii - tausend
32. milion - Billionen
33. minunat - wunderschön
34. muri - starb
35. navetă spațială - das Raumschiff
36. omorî - tötete, getötet *(part.)*
37. opri - beendete
38. Pământ - die Erde
39. până - bis
40. porni - machte an

41. privi, a privit - sah, schaute, geschaut
42. radar - der Radar
43. radio - das Radio
44. război - der Krieg
45. scurt - kurz
46. se mișcă - bewegte sich
47. serial - die Serie
48. spațiu - das Weltall

49. spuse - sagte
50. televizor - der Fernseher
51. ținti - richtete
52. unul dintre voi - einer von euch
53. veni, a venit - kam, gekommen
54. zâmbi, a zâmbit - lächelte, gelächelt
55. zbură - flog weg
56. zgâlțâi - wackelte

B

Munca în echipă

Gruppenarbeit

David vrea să devină jurnalist. El studiază la facultate. El are un curs de scriere astăzi. Domnul Kite îi învață pe studenți să scrie articole.
"Dragi prieteni," spune el, "unii dintre voi vor lucra la edituri, ziare sau reviste, la radio sau la televiziune. Aceasta înseamnă că veți lucra în echipă. Munca în echipă nu este simplă. Vreau să încercați acum să scrieți în echipă un text jurnalistic. Am nevoie de un băiat și de o fată."
Mulți studenți vor să ia parte la munca în echipă. Domnul Kite îi alege pe David și Carol. Carol este din Spania, dar vorbește engleza foarte bine.
"Vă rog, așezați-vă la această masă. Acum sunteți colegi," le spune domnul Kite. "Veți scrie un text scurt. Unul dintre voi începe textul, apoi îl dă colegului său. Colegul citește textul și îl continuă. Apoi colegul vostru îl înapoiază, iar primul îl citește și îl continuă. Și așa mai departe, până expiră timpul. Aveți douăzeci minute."
Domnul Kite le dă hârtie, și Carol începe. Se gândește puțin, apoi scrie.

Munca în echipă

Carol: Julia se uita afară pe geam. Florile din grădina ei se mișcau în direcția vântului, de parcă dansau. Își amintea de acea seară când dansase cu Billy. Se întâmplase acum un an, dar își amintea totul - ochii lui albaștri, zâmbetul lui, vocea lui. Fusese o perioadă frumoasă pentru ea, dar acum s-a sfârșit. De ce nu era el lângă ea?
David: Pe vremea aceea, căpitanul Billy Brisk era la nava sa spațială White Star. El avea o

David will Journalist werden. Er studiert an der Universität. Heute hat er einen Schreibkurs. Herr Kite bringt den Studenten bei, Artikel zu schreiben.
"Liebe Freunde", sagt er, "ein paar von euch werden für Verlage, Zeitungen oder Zeitschriften, das Radio oder das Fernsehen arbeiten. Das bedeutet, dass ihr in einer Gruppe arbeiten werdet. Es ist nicht einfach, in einer Gruppe zu arbeiten. Ich möchte, dass ihr jetzt versucht, in einer Gruppe einen journalistischen Text zu schreiben. Ich brauche einen Jungen und ein Mädchen."
Viele Studenten wollen bei der Gruppenarbeit mitmachen. Herr Kite wählt David und Carol. Carol kommt aus Spanien, aber sie spricht sehr gut Englisch.
"Setzt euch bitte an diesen Tisch. Ihr seid jetzt Kollegen", sagt Herr Kite zu ihnen. "Ihr werdet einen kurzen Text schreiben. Einer von euch beginnt den Text und gibt ihn dann seinem Kollegen. Der Kollege liest den Text und führt ihn fort. Dann gibt euer Kollege ihn zurück, der Erste liest ihn und führt ihn fort. Und so weiter, bis die Zeit vorbei ist. Ihr habt zwanzig Minuten."
Herr Kite gibt ihnen Papier, und Carol fängt an. Sie denkt kurz nach und schreibt dann.

Gruppenarbeit

Carol: Julia sah aus dem Fenster. Die Blumen in ihrem Garten bewegten sich im Wind, als ob sie tanzten. Sie erinnerte sich an den Abend, an dem sie mit Billy getanzt hatte. Das war vor einem Jahr gewesen, aber sie erinnerte sich an alles - seine blauen Augen, sein Lächeln, seine Stimme. Es war eine glückliche Zeit für sie gewesen, aber sie war nun vorbei. Warum war er nicht bei ihr?
David: Zu dieser Zeit war Raumschiffkapitän Billy Brisk in seinem Raumschiff White Star. Er hatte eine

misiune importantă şi nu avea timp să se gândească la acea fată prostuţă cu care dansase în urmă cu an. Ţinti rapid laserul navei White Star înspre navele spaţiale ale extratereştrilor. Apoi porni radioul şi le vorbi extratereştrilor: "Aveţi o oră să vă predaţi. Dacă într-o oră nu vă predaţi, vă voi distruge." Dar până să termine, un laser al extratereştrilor lovi motorul stâng al navei White Star. Laserul lui Billy începu să tragă în navele extraterestre şi, în acelaşi timp, Billy porni motorul central şi pe cel drept. Laserul extratereştrilor distruse motorul funcţionabil drept, iar White Star se zgâlţâi bine. Billy căzu pe podea şi se gândea în acest timp pe care navă extraterestră să o distrugă prima.
Carol: Dar Billy se lovi cu capul de podeaua din metal şi muri pe loc. Înainte să moară, se mai gândi la biata fată frumoasă care îl iubea şi îi păru foarte rău că o părăsise. Curând după asta, oamenii încheiară războiul stupid împotriva sărmanilor extratereştri. Ei distruseră toate navele spaţiale şi laserele pe care le deţineau şi îi informară pe extratereştri că oamenii nu vor mai începe niciodată un război împotriva lor. Oamenii spuseră că vor să fie prietenii extratereştrilor. Julia se bucură foarte tare când auzi asta. Apoi aprinse televizorul şi continuă să urmărească un minunat serial german.
David: Deoarece oamenii îşi distruseseră propriile radare şi lasere, nimeni nu ştiu că navele spaţiale ale extratereştrilor se apropiară foart mult de Pământ. Mii de lasere ale extratereştrilor loviră Pământul şi o omorâră pe biata şi prostuţa Julia şi pe alte cinci milioane de oameni în doar o secundă. Pământul fusese distrus, iar bucăţelele desprinse pluteau în spaţiu.
"Din câte văd, aţi terminat textul înainte ca timpul să expire," spune domnul Kite zâmbind. "Bine. Lecţia a luat sfârşit. Haideţi să citim şi să discutăm data viitoare despre această muncă în echipă."

wichtige Mission und keine Zeit, über dieses dumme Mädchen, mit dem er vor einem Jahr getanzt hatte, nachzudenken. Schnell richtete er den Laser der White Star auf die Raumschiffe Außerirdischer. Dann stellte er das Funkgerät an und sprach zu den Außerirdischen: „Ihr habt eine Stunde, um aufzugeben. Wenn ihr in einer Stunde nicht aufgebt, werde ich euch zerstören." Kurz bevor er seine Rede beendet hatte, traf jedoch ein Laser der Außerirdischen den linken Motor der White Star. Billys Laser begann, auf die Raumschiffe der Außerirdischen zu schießen, und gleichzeitig schaltete Billy den Hauptmotor und den rechten Motor an. Der Laser der Außerirdischen zerstörte den funktionierenden rechten Motor, und die White Star wackelte stark. Billy fiel auf den Boden und überlegte währenddessen, welches der Raumschiffe der Außerirdischen er zuerst zerstören musste.
Carol: Aber er schlug mit seinem Kopf auf dem metallenen Boden auf und war sofort tot. Bevor er starb, dachte er noch an das arme schöne Mädchen, das ihn liebte, und es tat ihm sehr leid, dass er es verlassen hatte. Kurz darauf beendeten die Menschen den dummen Krieg gegen die armen Außerirdischen. Sie zerstörten all ihre eigenen Raumschiffe und Laser und teilten den Außerirdischen mit, dass die Menschen nie wieder einen Krieg gegen sie beginnen würden. Die Menschen sagten, sie wollten Freunde der Außerirdischen sein. Julia war sehr froh, als sie davon hörte. Dann machte sie den Fernseher an und schaute eine tolle deutsche Serie weiter.
David: Da die Menschen ihre eigenen Radare und Laser zerstört hatten, wusste niemand, dass Raumschiffe der Außerirdischen der Erde sehr nahe kamen. Tausende Laser der Außerirdischen trafen die Erde und töten die arme, dumme Julia und fünf Billionen Menschen in einer Sekunde. Die Erde war zerstört, und ihre Teile flogen in den Weltraum hinaus.

„Wie ich sehe, habt ihr euren Text fertig, bevor die Zeit um ist", sagte Herr Kite lächelnd. „Gut, der Unterricht ist vorbei. Lasst uns das nächste Mal diese Gruppenarbeit lesen und darüber sprechen."

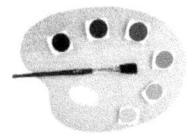

25

Robert și David sunt în căutarea unui nou loc de muncă
Robert und David suchen einen neuen Job

A

Cuvinte
Vokabeln

1. a călători - reisen
2. a estima, a aprecia - beurteilen
3. a recomanda - empfehlen
4. a servi - bedienen
5. a visa - träumen
6. animal de casă - das Haustier
7. anunț - das Inserat
8. aptitudine - die Begabung
9. artă - die Kunst
10. artist - der Künstler
11. cățeluș - der Welpe
12. chestionar - der Fragebogen
13. conducător, lider - der Führer
14. consultanță - die Beratung
15. doctor - der Arzt
16. fermier - der Bauer
17. găsit - gefunden
18. idee - die Idee
19. în timp ce - während
20. inginer - der Ingenieur
21. mâncare - das Essen
22. metodă - die Methode
23. monoton - monoton
24. murdar - dreckig
25. natură - die Natur
26. personal - persönlich
27. pisicuță - das Kätzchen
28. programator - der Programmierer
29. reclamă - die Anzeige
30. recomandare - die Empfehlung
31. rubrică - die Rubrik
32. scriitor - der Schriftsteller

33. şobolan - die Ratte
34. spaniel - der Spaniel
35. spaniol - spanisch
36. tare - laut
37. traducător - der Übersetzer

38. vârstă - das Alter
39. vecin - der Nachbar
40. veterinar - der Tierarzt
41. viclean - schlau
42. vis - der Traum

 B

Robert şi David sunt în căutarea unui nou loc de muncă

Robert şi David sunt acasă la David. David curăţă masa după micul dejun, iar Robert citeşte reclame şi anunţuri în ziar. El citeşte rubrica 'Animale'. Şi sora lui David, Nancy, este în cameră. Ea încearcă să prindă pisica ascunsă sub pat.
"Sunt aşa multe animale de casă gratuite în ziar! Cred că îmi voi alege o pisică sau un câine. David, tu ce părere ai?" îl întreabă Robert.
"Nancy, încetează să deranjezi pisica!" spune David furios. "Păi, Robert, nu este o idee rea. Animalul tău de casă te aşteaptă mereu acasă şi este atât de fericit când te întorci acasă şi îi dai de mâncare. Şi nu uita că trebuie să mergi la plimbare cu el dimineaţa şi seara sau să îi cureţi cutia. Uneori, trebuie să cureţi podeaua sau să mergi cu animalul la veterinar. Deci, gândeşte-te bine înainte să îţi iei un animal de casă."
"Păi, aici sunt nişte anunţuri. Ascultă," spune Robert şi începe să citească tare:
"Găsit câine alb, murdar; arată ca un şobolan. Probabil că a trăit mult timp pe străzi. Îl ofer contra cost."
Mai este unul:
"Câine spaniol, vorbeşte spaniolă. Îl ofer gratuit. Şi căţeluşi gratuiţi, jumătate spaniel, jumătate câinele viclean al vecinului."
Robert se uită la David: "Cum poate vorbi un câine spaniolă?"
"Un câine poate înţelege spaniolă. Tu înţelegi spaniola?" întrebă David zâmbind.
"Nu înţeleg spaniola. Ascultă, mai este un anunţ:
"Ofer gratuit pisicuţe de fermă. Pregătite să mănânce. Mănâncă orice."

Robert und David suchen einen neuen Job

Robert und David sind bei David zu Hause. David macht den Tisch nach dem Frühstück sauber, und Robert liest Anzeigen und Inserate in der Zeitung. Er liest die Rubrik ‚Tiere'. Davids Schwester Nancy ist auch im Zimmer. Sie versucht, die Katze, die sich unterm Bett versteckt, zu fangen.
„Es gibt so viele kostenlose Tiere in der Zeitung. Ich denke, ich werde mir eine Katze oder einen Hund aussuchen. Was meinst du, David?", fragt Robert.
„Nancy, hör auf, die Katze zu ärgern!", sagt David wütend. „Na ja, Robert, das ist keine schlechte Idee. Dein Haustier wartet immer zu Hause auf dich und ist so glücklich, wenn du nach Hause kommst und ihm Futter gibst. Und vergiss nicht, dass du morgens und abends mit deinem Tier Gassi gehen oder seine Kiste sauber machen musst. Manchmal musst du den Boden putzen oder mit dem Tier zum Tierarzt gehen. Also, denk gut darüber nach, bevor du dir ein Haustier anschaffst."
„Also, hier sind ein paar Anzeigen. Hör zu", sagt Robert und beginnt, laut vorzulesen:
„Habe einen dreckigen, weißen Hund gefunden, sieht aus wie eine Ratte. Hat vielleicht lange auf der Straße gelebt. Ich gebe ihn für Geld her.
Und hier noch eine:
Spanischer Hund, spricht Spanisch. Gebe ihn kostenlos ab. Und kostenlose Welpen, halb Spaniel, halb schlauer Nachbarshund."
Robert sieht David an: „Wie kann ein Hund Spanisch sprechen?"
„Ein Hund kann Spanisch verstehen. Verstehst du Spanisch?", fragt David grinsend.
„Ich verstehe kein Spanisch. Hör zu, hier ist noch eine Anzeige:
Gebe kostenlos Kätzchen vom Bauernhof her. Fertig

Robert răsfoiește ziarul. "Bine. Cred că animalele pot aștepta. Mai bine îmi caut o slujbă." Găsește rubrica cu locuri de muncă și citește tare:
"Căutați un loc de muncă potrivit? Agenția pentru ocuparea forței de muncă 'Personal Potrivit' vă poate ajuta. Consultanții noștri vă vor estima aptitudinile și vă oferă o recomandare pentru profesia potrivită."
Robert se uită în sus și spune: "David, tu ce părere ai?"
"Cel mai bun loc de muncă pentru voi este să spălați un camion în mare și să îl lăsați să plutească," spune Nancy și fuge apoi repede din cameră.
"Nu este o idee rea. Să mergem de-ndată," răspunde David și scoate cu grijă pisica din ceainicul în care o pusese Nancy cu puțin timp în urmă.
Robert și David merg cu bicicletele la agenția pentru ocuparea forței de muncă 'Personal Potrivit'. Nu este coadă, așa că intră. Acolo sunt două femei. Una dintre ele vorbește la telefon. Cealaltă scrie ceva. Ea le cere lui Robert și David să ia loc. Numele ei este doamna Sharp. Ea îi întreabă numele lor și vârsta.
"Bine. Lăsați-mă să vă explic metoda după care lucrăm. Uitați, sunt cinci categorii de profesii:
1. Prima este om - natură. Profesii: fermier, zootehnist etc.
2. A doua este om - mașină. Profesii: pilot, șofer de taxi, șofer de camion etc.
3. A treia este om - om. Profesii: medic, profesor, jurnalist etc.
4. A patra este om - calculator. Profesii: traducător, inginer, programator etc.
5. A cincea este om - artă. Profesii: scriitor, artist, cântăreț etc.
Noi oferim recomandări pentru profesii potrivite doar după ce v-am cunoscut mai bine. Mai întâi, lăsați-mă să vă estimez aptitudinile. Trebuie să știu ce vă place și ce vă displace. Apoi vom ști ce profesii vi se potrivește cel mai bine. Vă rog, completați acum chestionarul," spune doamna Sharp și le dă chestionarele. David și Robert completează chestionarele.

zum Essen. Sie essen alles."
Robert blättert die Zeitung um. „Na gut, ich denke, Tiere können warten. Ich suche besser einen Job." Er findet die Stellenanzeigen und liest laut:
„Suchen Sie nach einem passenden Job? Die Arbeitsvermittlung ‚Passende Mitarbeiter' kann Ihnen helfen. Unsere Berater beurteilen Ihre persönliche Begabung und erstellen Ihnen eine Empfehlung für den passendsten Beruf."
Robert sieht auf und sagt: „Was meinst du, David?"

„Der beste Job für euch ist, einen Laster im Meer zu waschen und ihn wegschwimmen zu lassen", sagt Nancy und rennt dann schnell aus dem Zimmer.

„Keine schlechte Idee. Lass uns gleich gehen", antwortet David und holt vorsichtig die Katze aus dem Kessel, in den Nancy sie kurz zuvor gelegt hatte.

Robert und David fahren mit dem Fahrrad zur Arbeitsvermittlung ‚Passende Mitarbeiter'. Es gibt keine Schlange und sie gehen hinein. Zwei Frauen sind da. Eine von ihnen telefoniert. Die andere schreibt etwas. Sie bittet Robert und David, Platz zu nehmen. Sie heißt Frau Sharp. Sie fragt sie nach ihren Namen und ihrem Alter.

„Gut, lasst mich euch die Methode, nach der wir arbeiten, erklären. Seht, es gibt fünf Berufskategorien:
1. Die Erste ist Mensch - Natur. Berufe: Bauer, Tierpfleger usw.
2. Die Zweite ist Mensch - Maschine. Berufe: Pilot, Taxifahrer, Lastwagenfahrer usw.
3. Die Dritte ist Mensch - Mensch. Berufe: Arzt, Lehrer, Journalist usw.
4. Die Vierte ist Mensch - Computer. Berufe: Übersetzer, Ingenieur, Programmierer usw.
5. Die Fünfte ist Mensch - Kunst. Berufe: Schriftsteller, Künstler, Sänger usw.
Wir erstellen Empfehlungen für passende Berufe erst, wenn wir euch besser kennengelernt haben. Lasst mich zuerst eure persönlichen Begabungen beurteilen. Ich muss wissen, was ihr mögt und was ihr nicht mögt. Dann wissen wir, welcher Beruf am besten zu euch passt. Füllt jetzt bitte den Fragebogen aus", sagt Frau Sharp und gibt ihnen die Fragebögen. David und Robert füllen die Fragebögen aus.

Chestionar
Nume: David Tweeter
Să urmăresc mașini - Nu mă deranjează
Să vorbesc cu oamenii - Îmi place
Să servesc clienții - Nu mă deranjează
Să conduc mașini, camioane - Îmi place
Să lucrez la birou - Îmi place
Să lucrez în aer liber - Îmi place
Să rețin multe - Nu mă deranjează
Să călătoresc - Îmi place
Să estimez, controlez - Urăsc
Muncă murdară - Nu mă deranjează
Muncă monotonă - Urăsc
Muncă grea - Nu mă deranjează
Să fiu lider - Nu mă deranjează
Munca în echipă - Nu mă deranjează
Să visez în timpul serviciului - Îmi place
Să antrenez - Nu mă deranjează
Muncă creativă - Îmi place
Să lucrez cu texte - Îmi place

Chestionar
Nume: Robert Genscher
Să urmăresc mașini - Nu mă deranjează
Să vorbesc cu oamenii - Îmi place
Să servesc clienții - Nu mă deranjează
Să conduc mașini, camioane - Nu mă deranjează
Să lucrez la birou - Îmi place
Să lucrez în aer liber - Îmi place
Să rețin multe - Nu mă deranjează
Să călătoresc - Îmi place
Să estimez, controlez - Nu mă deranjează
Muncă murdară - Nu mă deranjează
Muncă monotonă - Urăsc
Muncă grea - Nu mă deranjează
Să fiu lider - Urăsc
Munca în echipă - Îmi place
Să visez în timpul serviciului - Îmi place
Să antrenez - Nu mă deranjează
Muncă creativă - Îmi place
Să lucrez cu texte - Îmi place

Fragebogen
Name: David Tweeter
Maschinen beobachten - Habe ich nichts dagegen
Mit Menschen sprechen - Mag ich
Kunden bedienen - Habe ich nichts dagegen
Autos, Lastwagen fahren - Mag ich
Im Büro arbeiten - Mag ich
Draußen arbeiten - Mag ich
Mir viel merken - Habe ich nichts dagegen
Reisen - Mag ich
Bewerten, kontrollieren - Hasse ich
Dreckige Arbeit - Habe ich nichts dagegen
Monotone Arbeit - Hasse ich
Schwere Arbeit - Habe ich nichts dagegen
Führer sein - Habe ich nichts dagegen
In der Gruppe arbeiten - Habe ich nichts dagegen
Während der Arbeit träumen - Mag ich
Trainieren - Habe ich nichts dagegen
Kreative Arbeit - Mag ich
Mit Texten arbeiten - Mag ich

Fragebogen
Name: Robert Genscher
Maschinen beobachten - Habe ich nichts dagegen
Mit Menschen sprechen - Mag ich
Kunden bedienen - Habe ich nichts dagegen
Autos, Lastwagen fahren - Habe ich nichts dagegen
Im Büro arbeiten - Mag ich
Draußen arbeiten - Mag ich
Mir viel merken - Habe ich nichts dagegen
Reisen - Mag ich
Bewerten, kontrollieren - Habe ich nichts dagegen
Dreckige Arbeit - Habe ich nichts dagegen
Monotone Arbeit - Hasse ich
Schwere Arbeit - Habe ich nichts dagegen
Führer sein - Hasse ich
In der Gruppe arbeiten - Mag ich
Während der Arbeit träumen - Mag ich
Trainieren - Habe ich nichts dagegen
Kreative Arbeit - Mag ich
Mit Texten arbeiten - Mag ich.

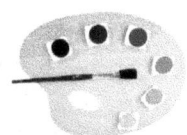

26

Candidatura la "San Francisco News"
Bewerbung bei den „San Francisco News"

A

Cuvinte
Vokabeln

1. a candida - sich bewerben
2. a însoți - begleiten
3. a întrebat - gefragt
4. a lucrat - gearbeitet
5. a părăsi - verlassen
6. a raporta - berichten
7. a sosit - angekommen
8. a sublinia - unterstreichen
9. ar putea - könnte, kann
10. asterisc - das Sternchen
11. câmp - das Feld
12. criminal - der Verbrecher
13. dădu - gab
14. domnișoară - Fräulein
15. douăzeci și unu - einundzwanzig
16. editor - der Herausgeber
17. educație - die Ausbildung
18. (el/ea) află despre - kennengelernt
19. estimat, analizat - ausgewertet
20. feminin - weiblich
21. finanțe - die Finanzwissenschaft
22. fluent - fließend
23. formular - das Formular
24. gol - leer
25. informație - die Information, die Angabe
26. la revedere - Auf Wiedersehen
27. luă - nahm
28. masculin, bărbătesc - männlich
29. naționalitate - die Nationalität
30. necăsătorit - ledig

31. patrulă - die Patrouille, die Streife
32. poliția - die Polizei
33. prenume - der zweite Name
34. recomandat - empfohlen
35. reporter - der Reporter
36. săptămână - die Woche
37. șaptesprezece - siebzehn
38. sex - das Geschlecht
39. stare - der Stand; stare civilă - der Familienstand

Candidatura la "San Francisco News"

Doamna Sharp analiză răspunsurile lui David și Robert din chestionar. Aflând abilitățile lor personale, ea putu să le ofere recomandări pentru profesii potrivite. Ea spuse că al treilea tip de profesie li se potrivea cel mai bine. Ei ar putea lucra ca medici, profesori, jurnaliști, etc. Doamna Sharp le recomandă să își depună candidatura pentru un loc de muncă la ziarul "San Francisco News." Ei ofereau un job part-time pentru studenții care puteau compune raporturi de poliției pentru rubrica despre infracțiuni. Așa că Robert și David merseră la departamentul de resurse umane al ziarului "San Francisco News" și își depuseră candidatura pentru acest job.
"Noi am fost astăzi la agenția pentru ocuparea forței de muncă 'Personal Potrivit'," îi spuse David doamnei Slim, șefa departamentului de resurse umane. "Ei ne-au recomandat să ne depunem candidatura la ziarul dumneavoastră."
"Ați mai lucrat ca reporteri înainte?" întrebă doamna Slim.
"Nu," răspunse David.
"Vă rog să completați aceste formulare cu datele voastre personale," spuse doamna Slim și le dădu două formulare. Robert și David completară formularele.

Informații personale
Trebuie completate toate câmpurile cu asterisc *.
Restul câmpurilor pot rămâne necompletate.
Prenume* - David
Al doilea prenume
Nume* - Tweeter
Sex* (subliniază) - <u>masculin</u>, feminin
Vârsta* - 24 de ani
Naționalitate* - American
Stare civilă (subliniază) - <u>necăsătorit</u>, căsătorit

Bewerbung bei den „San Francisco News"

Frau Sharp wertete Davids und Roberts Antworten im Fragebogen aus. Indem sie ihre persönlichen Begabungen kennenlernte, konnte sie ihnen Empfehlungen für passende Berufe geben. Sie sagte, dass die dritte Berufskategorie am besten zu ihnen passte. Sie könnten als Arzt, Lehrer oder Journalist arbeiten. Frau Sharp empfahl ihnen, sich um einen Job bei der Zeitung „San Francisco News" zu bewerben. Die hatte einen Nebenjob für Studenten zu vergeben, die Polizeiberichte in der Rubrik über Verbrechen verfassen konnten. Also gingen Robert und David in die Personalabteilung der Zeitung „San Francisco News" und bewarben sich um den Job.
„Wir waren heute bei der Arbeitsvermittlung „Passende Mitarbeiter"", sagte David zu Frau Slim, der Leiterin der Personalabteilung. „Sie haben uns empfohlen, uns bei Ihrer Zeitung zu bewerben."
„Habt ihr schon als Reporter gearbeitet?", fragte Frau Slim.
„Nein", antwortete David.
„Füllt bitte diese Formulare mit euren persönlichen Angaben aus", sagte Frau Slim und gab ihnen zwei Formulare. Robert und David füllten sie aus.

Persönliche Angaben
*Alle mit einem Sternchen * markierten Felder müssen ausgefüllt werden. Die anderen Felder können leer gelassen werden.*
Vorname - David*
Zweiter Name
Nachname - Tweeter*
Geschlecht (unterstreiche) - <u>männlich</u> weiblich*
Alter - vierundzwanzig*
Nationalität - Amerikaner
Familienstand (unterstreiche) - <u>ledig</u> verheiratet

Adresa* - Strada 11, Queen, San Francisco, SUA
Educație - Sunt student în anul trei la Facultatea la Jurnalism
Unde ați lucrat înainte? - Am lucrat două luni la o fermă
Ce experiență și aptitudini aveți?* - Pot conduce mașini și camioane și lucra la calculator
Limbi* 0 - nu, 10 - fluent - spaniolă - 8, engleză - 10
Carnet de conducere* (subliniază) - nu, da, Tipul: BC Pot conduce camioane.
Aveți nevoie de un job* (subliniază) - cu normă întreagă, cu jumătate de normă: Cincisprezece ore pe săptămână
Vreți să câștigați - 15 $/oră

Informații personale

Trebuie completate toate câmpurile cu asterisc *. Restul câmpurilor pot rămâne necompletate.
Prenume* - Robert
Al doilea prenume
Nume* Genscher
Sex* (subliniază) - masculin, feminin
Vârsta* - 21 de ani
Naționalitate* - German
Stare civilă (subliniază) - necăsătorit, căsătorit
Adresa* Camera 218, Cămin Studențesc, Strada College nr 36, San Francisco, SUA
Educație - Sunt student în anul doi la Proiectare Asistată de Calculator
Unde ați lucrat înainte? - Am lucrat două luni la o fermă
Ce experiență și aptitudini aveți?* - Pot folosi calculatorul
Limbi* 0 - nu, 10 - fluent - germană - 10, engleză - 8
Carnet de conducere* (subliniază) - nu, da, felul:
Aveți nevoie de un job* (subliniază) - cu normă întreagă, cu jumătate de normă: Cincisprezece ore pe săptămână
Vreți să câștigați - 15 $/oră
Doamna Slim duse formularele cu datele lor personale la editorul "San Francisco News".
"Editorul este de acord," spuse doamna Slim când se întoarse. "Veți însoți o patrulă de poliție, apoi veți compune rapoarte pentru rubrica despre infracțiuni. O mașină de poliție va veni mâine la ora cinci să vă ia. Fiți punctuali, bine?"
"Bine," răspunse Robert.
"Da, vom fi punctuali," spuse David. "La

Addresse* - 11 Queen street, San Francisco, USA
Ausbildung - Ich studiere Journalismus im dritten Jahr an der Universität
Wo haben Sie zuvor gearbeitet? - Ich habe zwei Monate auf einem Bauernhof gearbeitet
Welche Erfahrung und Fähigkeiten haben Sie?* - Ich kann Auto und Lastwagen fahren und mit dem Computer arbeiten.
Sprachen* 0 - nein, 10 - fließend - Spanisch - 8, Englisch - 10
Führerschein* (unterstreiche) - Nein Ja Typ: BC Kann Lastwagen fahren.
Sie brauchen einen Job* (unterstreiche) - Vollzeit Teilzeit: 15 Stunden die Woche
Sie wollen verdienen - 15 Dollar die Stunde

Persönliche Angaben

Alle mit einem Sternchen * markierten Felder müssen ausgefüllt werden. Die anderen Felder können leer gelassen werden.
Vorname* - Robert
Zweiter Name
Nachname* - Genscher
Geschlecht* (unterstreiche) - männlich weiblich
Alter* - einundzwanzig
Nationalität* - Deutscher
Familienstand (unterstreiche) - ledig verheiratet
Addresse* - Zimer 218, Studentenwohnheim, College Street 36, San Francisco, USA
Ausbildung - Ich studiere Computerdesign im zweiten Jahr an der Universität
Wo haben Sie zuvor gearbeitet? - Ich habe zwei Monate auf einem Bauernhof gearbeitet
Welche Erfahrung und Fähigkeiten haben Sie?* - Ich kann mit dem Computer umgehen
Sprachen* 0 - nein, 10 - fließend - Deutsch - 10, Englisch - 8
Führerschein* (unterstreiche) - Nein Ja Typ:
Sie brauchen einen Job (unterstreiche) - Vollzeit Teilzeit: 15 Stunden die Woche
Sie wollen verdienen - 15 Dollar die Stunde
Frau Slim brachte die Formulare mit ihren persönlichen Angaben zum Herausgeber der „San Francisco News".
„Der Herausgeber ist einverstanden", sagte Frau Slim, als sie zurückkam. „Ihr begleitet eine Polizeistreife und schreibt dann Berichte für die Kriminalrubrik. Morgen um siebzehn Uhr werdet ihr von einem Polizeiauto abgeholt. Seid pünktlich da, ok?"

revedere."
"La revedere," răspunse doamna Slim.

„Klar", antwortete Robert.
„Ja, wir werden pünktlich sein", sagte David. „Auf Wiedersehen."
„Auf Wiedersehen", antwortete Frau Slim.

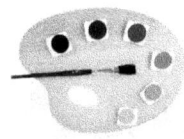

27

Patrula poliției (partea 1)
Die Polizeistreife (Teil 1)

A

Cuvinte
Vokabeln

1. a înțeles - verstanden
2. a potrivi, a pune (centura de siguranță) - anschnallen
3. a se uita împrejur - sich umsehen
4. a strigat - gerufen
5. alarmă - der Alarm
6. arătă - zeigte
7. ascunse - versteckte
8. așteptă - wartete
9. călcă - trat
10. Care este problema? - Was ist los?
11. cătușe - die Handschellen
12. centură de siguranță - der Sicherheitsgurt
13. cheie - der Schlüssel
14. conduse - fuhr
15. deschise - öffnete
16. doisprezece - zwölf
17. (el/ea) goni - raste
18. făcu - tat
19. hoț - der Dieb
20. hoți - die Diebe
21. înalt - hoch
22. începu (să conducă), plecă - fuhr los
23. încercă - versuchte
24. închis - geschlossen
25. însoțit - begleitet

26. întâlni, a întâlnit - getroffen, kennengelernt
27. jaf - der Diebstahl
28. la naiba - verdammt
29. lătră - bellte
30. limită - die Begrenzung
31. microfon - das Mikrofon
32. pistol - die Waffe
33. polițist - der Polizist
34. preț - der Preis
35. sergent - der Polizeihauptmeister
36. sirenă - die Sirene
37. speriat - ängstlich
38. sută - hundert
39. toți - alle
40. urlând - heulend
41. urmărire - die Verfolgung
42. uscat - trocken; a usca - trocknen
43. viteză - die Geschwindigkeit; a accelera, a goni - rasen
44. vitezoman - der Raser

Patrula poliției (partea 1)

Robert și David sosiră la sediul ziarului "San Francisco News" a doua zi la ora cincisprezece. Mașina de poliție îi aștepta deja. Un polițist ieși din mașină.
"Bună ziua. Sunt sergentul Frank Strict," spuse el când David și Robert ajunseră la mașină.
"Bună ziua. Mă bucur să vă cunosc. Numele meu este Robert. Noi trebuie să vă însoțim astăzi," răspunse Robert.
"Bună ziua. Eu sunt David. Ne-ați așteptat mult?" întrebă David.
"Nu. Abia am ajuns. Haideți să urcăm în mașină. Începem acum patrularea prin oraș," spuse polițistul. Urcară toți în mașina de poliție.
"Însoțiți pentru prima dată o patrulă de poliție?" întrebă sergentul Strict și porni motorul.
"Nu am mai însoțit nicio patrulă de poliție până acum," răspunse David.
În acest moment, radioul poliției începu să emită: "Atenție P11 și P07! O mașină albastră gonește pe strada Universității."
"P07, recepționat," spuse sergentul Strict în microfon. Apoi spuse băieților: "Numărul mașinii noastre este P07." O mașină mare albastră goni pe lângă ei cu mare viteză. Frank Strict luă microfonul și spuse: "Aici P07. Văd mașina albastră care gonește. Încep urmărirea." Apoi le spuse băieților: "Puneți-vă centura!" Mașina poliției o luă repede din loc. Polițistul călcă pedala de accelerație

Die Polizeistreife (Teil 1)

Am nächsten Tag kamen Robert und David um siebzehn Uhr zum Gebäude der Zeitung „San Francisco News." Das Polizeiauto wartete schon auf sie. Ein Polizist stieg aus dem Auto.
„Hallo. Ich bin Polizeihauptmeister Frank Strict", sagte er, als David und Robert zum Auto kamen.
„Hallo, schön. Sie kennenzulernen. Ich heiße Robert. Wir sollen Sie heute begleiten", antwortete Robert.
„Hallo, ich bin David. Haben Sie schon lange auf uns gewartet?", fragte David.
„Nein, ich bin gerade erst gekommen. Lasst uns einsteigen. Wir fangen jetzt mit der Streife in der Stadt an", sagte der Polizist. Sie stiegen alles ins Polizeiauto.
„Begleitet ihr zum ersten Mal eine Polizeistreife?", fragte Polizeihauptmeister Strict und machte den Motor an.
„Wir haben noch nie eine Polizeistreife begleitet", antwortete David.
In diesem Moment meldete sich der Polizeifunk: „Achtung P11 und P07! Ein blaues Auto fährt zu schnell auf der Universitätsstraße."
„P07 ist dran", sagte Polizeihauptmeister Strict ins Mikrofon. Dann sagte er zu den Jungs: „Die Nummer unseres Autos ist P07." Ein großes blaues Auto raste mit hoher Geschwindigkeit an ihnen vorbei. Frank Strict nahm das Mikrofon und sagte: „Hier spricht P07. Ich sehe das rasende Auto. Nehme die Verfolgung auf." Dann sagte er zu den Jungs: „Bitte anschnallen!" Das Polizeiauto fuhr schnell los. Der Polizeihauptmeister trat das Gaspedal voll durch und machte die Sirene an.

până la capăt şi porni sirena. Ei goniră cu sirena pornită pe lângă clădiri, maşini şi autobuze. Frank Strict reuşi să oprească maşina albastră. Sergentul ieşi din maşină şi se duse la vitezoman. David şi Robert îl urmară.

"Sunt poliţistul Frank Strict. Vă rog să-mi arătaţi permisul de conducere," îi spuse poliţistul vitezomanului.

"Aici este permisul meu de conducere." Şoferul arătă permisul său de conducere.

"Care este problema?" întrebă el nervos.

"Aţi condus prin oraş cu 120 km/oră. Limita de viteză este 50," spuse sergentul.

"Ah, asta era. Ştiţi, abia mi-am spălat maşina. Am condus puţin mai repede ca să se usuce," spuse bărbatul, zâmbind viclean.

"Costă mult să spălaţi maşina?" întrebă poliţistul.

"Nu. Costă 12 dolari," spuse vitezomanul.

"Nu cunoaşteţi preţurile," spuse sergentul Strict, "De fapt, vă costă 212 dolari, pentru că veţi plăti 200 de dolari pentru uscarea maşinii. Poftim amenda. O zi bună," spuse poliţistul. El îi înmână vitezomanului hârtia cu amenda de 200 de dolari pentru depăşirea vitezei, şi carnetul de conducere, şi se întoarse la maşina de poliţie.

"Frank, ai o grămadă de experienţă cu vitezomanii, nu-i aşa?" îl întrebă David pe poliţist.

"Am cunoscut deja mulţi," spuse Frank şi porni motorul. "La început, par nişte tigrii furioşi sau vulpi şirete. Dar după ce am vorbit cu ei, arată ca nişte pisicuţe fricoase sau ca nişte maimuţe proaste. Ca acela din maşina albastră."

Între timp, o maşină albă micuţă trecu încet pe drum, nu departe de parc. Maşina opri lângă un magazin. Un bărbat şi o femeie ieşiră din maşină şi se îndreptară spre magazin. Era închis. Bărbatul se uită împrejur. Apoi, rapid, scoase nişte chei şi încercă să deschidă uşa. În cele din urmă, o deschise şi intră.

"Uite, ce multe rochii!" spuse femeia. Scoase o geantă mare şi începu să pună totul în ea. Când geanta se umplu, o duse la maşină, apoi se întoarse.

Mit heulender Sirene rasten sie an Gebäuden, Autos und Bussen vorbei. Frank Strict brachte das blaue Auto zum Anhalten. Der Polizeihauptmeister stieg aus dem Auto aus und ging zu dem Raser. David und Robert gingen ihm nach.

„Ich bin Polizeibeamter Frank Strict. Zeigen Sie mir bitte Ihren Führerschein", sagte der Polizist zu dem Raser.

„Hier ist mein Führerschein." Der Fahrer zeigte seinen Führerschein. „Was ist los?", fragte er wütend.

„Sie sind mit hundertzwanzig km/h durch die Stadt gefahren. Die Geschwindigkeitsbegrenzung ist fünfzig", sagte der Polizeihauptmeister.

„Ach so, das. Wissen Sie, ich habe gerade mein Auto gewaschen. Ich bin ein bisschen schneller gefahren, damit es trocknet", sagte der Mann mit einem schlauen Grinsen.

„Ist es teuer, Ihr Auto zu waschen?", fragte der Polizist.

„Nein. Es kostet zwölf Dollar", sagte der Raser.

„Sie kennen die Preise nicht", sagte Polizeihauptmeister Strict. „In Wirklichkeit kostet es Sie zweihundertzwölf Dollar, denn Sie werden zweihundert Dollar fürs Trocknen zahlen. Hier ist der Strafzettel. Einen schönen Tag noch", sagte der Polizist. Er gab dem Raser einen Strafzettel für Geschwindigkeitsüberschreitung über zweihundert Dollar und seinen Führerschein und ging zurück zum Polizeiauto.

„Frank, du hast viel Erfahrung mit Rasern, nicht wahr?", fragte David den Polizisten.

„Ich habe schon viele kennengelernt", sagte Frank und machte den Motor an. „Zu erst sehen sie wie wütende Tiger oder schlaue Füchse aus. Aber nachdem ich mit ihnen gesprochen habe, sehen sie wie ängstliche Kätzchen oder dumme Affen aus. Wie der im blauen Auto."

In der Zwischenzeit fuhr ein kleines, weißes Auto nicht weit vom Stadtpark langsam die Straße entlang. Das Auto hielt in der Nähe eines Ladens. Ein Mann und eine Frau stiegen aus und gingen zu dem Laden. Er war geschlossen. Der Mann sah sich um. Dann holte er schnell einige Schlüssel hervor und versuchte, die Tür zu öffnen. Schließlich öffnete er sie, und sie gingen hinein.

„Sieh, so viele Kleider", sagte die Frau. Sie holte eine große Tasche hervor und begann, alles hineinzupacken. Als die Tasche voll war, brachte sie sie zum Auto und kam zurück.

"Ia totul repede! O! Ce pălărie frumoasă!" spuse bărbatul. El luă din geamul magazinului o pălărie mare şi neagră şi şi-o puse pe cap.

"Uită-te la această rochie roşie! Mi se pare minunată!" spuse femeia, şi repede se îmbrăcă cu rochia roşie. Nu mai avu genţi. Aşa că luă mai multe lucruri în mână, alergă afară şi le puse în maşină. Apoi alergă înăuntru pentru a lua şi mai multe lucruri. Maşina de poliţie P07 trecea încet de-a lungul parcului, când radioul începu să emită: "Atenţie tuturor patrulelor. Avem o alarmă de furt la un magazin de lângă parc. Adresa magazinului este Strada Parcului 72."

"P07, recepţionat," spuse Frank în microfon. "Sunt foarte aproape. Merg acolo." Găsiră magazinul foarte repede şi opriră lângă maşina albă. Apoi se dădură jos din maşină şi se ascunseră în spatele ei. Femeia în rochia roşie ieşi în fugă din magazin. Ea puse nişte rochii pe maşina de poliţie şi fugi înapoi în magazin. Femeia făcu asta foarte repede. Nu văzu că era o maşină de poliţie!

"La naiba! Mi-am uitat pistolul la secţia de poliţie!" spuse Frank. Robert şi David se uitară la sergentul Strict, apoi, surprinşi, unul la celălalt. Poliţistul era aşa de confuz, încât David şi Robert înţeleseră că are nevoie de ajutor. Femeia ieşi în fugă din nou din magazin, pue nişte rochii pe maşina de poliţie şi fugi înapoi. Apoi, David îi spuse lui Frank: "Ne putem preface că avem pistoale."

"S-o facem," răspunse Frank. "Dar să nu vă ridicaţi. Hoţii probabil că au pistoale," spuse el, apoi strigă: "Vă vorbeşte Poliţia! Toţi, care sunteţi în magazin, ridicaţi mâinile şi ieşiţi încet, unul câte unul, din magazin!" Aşteptară un minut. Nimeni nu ieşi. Apoi, Robert avu o idee.

"Dacă nu ieşiţi, punem câinele poliţist pe voi!" strigă el, apoi lătră ca un câine mare şi furios. Hoţii ieşiră imediat, cu mâinile sus. Frank le puse repede cătuşe şi îi duse la maşina de poliţie, apoi îi spuse lui Robert: "A fost o idee bună să pretindem că avem un câine! Ştii, mi-am uitat pistolul deja de două ori. Dacă se află că l-am uitat pentru a treia oară, probabil că mă concediază sau mă pun

„Nimm schnell alles! Oh! Was für ein schöner Hut!", sagte der Mann. Er nahm einen großen schwarzen Hut aus dem Schaufenster und zog ihn auf.

„Sieh dir dieses rote Kleid an! Das finde ich toll!", sagte die Frau und zog schnell das rote Kleid an. Sie hatte keine Taschen mehr. Deswegen nahm sie mehr Sachen in die Hände, rannte nach draußen und packte sie ins Auto. Dann rannte sie nach drinnen, um noch mehr Dinge zu holen. Das Polizeiauto P07 fuhr gerade langsam den Stadtpark entlang, als sich der Funk meldete: „Achtung, alle Einheiten. Wir haben einen Einbruchsalarm aus einem Laden in der Nähe des Stadtparks. Die Adresse des Ladens ist Parkstraße 72."

„P07 ist dran", sagte Frank ins Mikro. „Ich bin ganz in der Nähe. Fahre dorthin." Sie hatten den Laden schnell gefunden und fuhren zu dem weißen Auto. Dann stiegen sie aus dem Auto aus und versteckten sich dahinter. Die Frau im roten Kleid kam aus dem Laden gerannt. Sie legte einige Kleider auf das Polizeiauto und rannte zurück in den Laden. Die Frau tat das sehr schnell. Sie sah nicht, dass es ein Polizeiauto war!

„Verdammt! Ich habe meine Waffe auf der Polizeiwache vergessen!", sagte Frank. Robert und David sahen Polizeihauptmeister Strict und dann einander überrascht an. Der Polizist war so verwirrt, dass David und Robert verstanden, dass er Hilfe brauchte. Die Frau rannte wieder aus dem Laden, legte Kleider auf das Polizeiauto und rannte zurück. Dann sagte David zu Frank: „Wir können so tun, als ob wir Waffen haben."

„Lasst uns das machen", antwortete Frank. „Aber ihr steht nicht auf. Die Diebe haben vielleicht Waffen", sagte er und rief dann: „Hier spricht die Polizei! Alle, die im Laden sind, heben ihre Hände und kommen langsam einer nach dem anderen aus raus!" Sie warteten eine Minute. Niemand kam. Dann hatte Robert eine Idee.

„Wenn ihr nicht rauskommt, hetzen wir den Polizeihund auf euch!", rief er und bellte wie ein großer, wütender Hund. Die Diebe kamen sofort mit erhobenen Händen herausgerannt. Frank legte ihnen schnell Handschellen an und brachte sie ins Polizeiauto. Dann sagte er zu Robert: „Das war eine gute Idee, so zu tun, als ob wir einen Hund hätten. Weißt du, ich habe meine Waffe schon zweimal vergessen. Wenn sie herausfinden, dass ich sie zum dritten Mal vergessen habe, feuern sie mich

la muncă de birou. Nu spuneți nimănui despre asta, nu-i așa?"
"Bineînțeles că nu!" spuse Robert.
"Niciodată," spuse David.
"Vă mulțumesc foarte mult pentru ajutor, băieți!" Frank le scutură mâna cu putere.

vielleicht oder lassen mich Büroarbeit machen. Ihr erzählt es doch niemandem, oder?"
„Natürlich nicht!", sagte Robert.
„Nie", sagte David.
„Vielen Dank für eure Hilfe, Jungs!", Frank schüttelte ihnen kräftig die Hand.

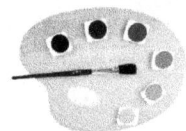

28

Patrula poliției (partea 2)
Die Polizeistreife (Teil 2)

Cuvinte
Vokabeln

1. a apăsa - drücken
2. a luat - gebracht
3. a proteja - beschützen
4. a răspuns - geantwortet
5. a ricoșa - abprallen
6. a suna, a telefona - anrufen
7. a sunat - klingelte
8. al căruia - wessen
9. al meu - mein
10. a-și cere scuze - sich entschuldigen
11. bani lichizi - das Bargeld
12. bărbați - die Männer
13. buton - der Knopf
14. buzunar - die Tasche
15. casierie - die Kasse
16. centru de cumpărături - das Einkaufszentrum
17. cineva - jemand
18. cu stimă - hochachtungsvoll
19. deschis - geöffnet
20. furat - gestohlen
21. hoț - der Dieb
22. ieri - gestern
23. împușcă, a împușcat - schoss, angeschossen
24. în secret - heimlich
25. încă - noch
26. inconștient - bewusstlos
27. jaf - der Überfall
28. obișnuit - gewöhnlich
29. pahar - das Glas
30. plecat - weg

31. rar - selten
32. Scuzați-mă. - Entschuldigen Sie.
33. se întoarse - drehte
34. seif - der Tresor
35. și - auch

36. șiret - schlau
37. telefon - das Telefon
38. telefon mobil - das Handy
39. văzură - sahen

B

Patrula poliției (partea 2)

În ziua următoare, Robert și David îl însoțiră din nou pe Frank. Stăteau lângă un mare centru de cumpărături, când o femeie veni la ei.
"Mă puteți ajuta, vă rog?" întrebă ea.
"Desigur. Ce s-a întâmplat?" întrebă Frank.
"Mi-a dispărut telefonul mobil. Cred că a fost furat."
"L-ați folosit astăzi?" întrebă polițistul.
"L-am folosit înainte să ies din centrul de cumpărături," răspunse femeia.
"Haideți să intrăm," spuse Frank. Ei intrară în centrul de cumpărături și se uitară primprejur. Erau mulți oameni acolo.
"Haideți să încercăm un truc vechi," spuse Frank și-și scoase telefonul mobil. "Care este numărul dumneavoastră?" o întrebă pe femeie. Ea i-l spuse, iar el formă numărul. Un telefon mobil sună nu departe de ei. Ei merseră la locul de unde suna. Acolo era o coadă. Un bărbat care stătea la coadă se uită la polițist, apoi își întoarse repede capul. Polițistul se apropie, ascultând cu atenție. Telefonul suna în buzunarul bărbatului.
"Mă scuzați," spuse Frank. Bărbatul se uită la el.
"Scuzați-mă, vă sună telefonul," spuse Frank.
"Unde?" întrebă bărbatul.
"Aici, în buzunarul dumneavoastră," spuse Frank.
"Nu, nu sună," spuse bărbatul.
"Ba da, sună," spuse Frank.
"Nu este al meu," spuse bărbatul.
"Atunci al cui telefon sună în buzunarul dumneavoastră?" întrebă Frank.
"Nu știu," răspunse bărbatul.
"Vă rog să mi-l arătați," spuse Frank și luă telefonul mobil din buzunarul bărbatului.
"O, e al meu!" spuse femeia.

Die Polizeistreife (Teil 2)

Am nächsten Tag begleiteten Robert und David Frank wieder. Sie standen neben einem großen Einkaufszentrum, als eine Frau zu ihnen kam.
„Können Sie mir bitte helfen?", fragte sie.
„Natürlich. Was ist passiert?", fragte Frank.
"Mein Handy ist weg. Ich glaube, es wurde gestohlen."
"Haben Sie es heute schon benutzt?" fragte der Polizist.
„Ich habe es benutzt, bevor ich das Einkaufszentrum verlassen habe", antwortete die Frau.
„Lasst uns reingehen", sagte Frank. Sie gingen ins Einkaufszentrum und sahen sich um. Viele Leute waren da.
„Lasst uns einen alten Trick versuchen", sagte Frank und holte sein eigenes Handy hervor. „Wie ist Ihre Nummer?", fragte er die Frau. Sie sagte sie ihm, und er wählte. Nicht weit von ihnen klingelte ein Handy. Sie gingen zu der Stelle, an der es klingelte. Dort war eine Schlange. Ein Mann in der Schlange sah den Polizisten an und schaute dann schnell weg. Der Polizist ging näher hin und horchte aufmerksam. Das Handy klingelte in der Tasche des Mannes.
„Entschuldigen Sie", sagte Frank. Der Mann sah ihn an.
„Entschuldigen Sie, Ihr Handy klingelt", sagte Frank.
„Wo?", sagte der Mann.
„Hier, in ihrer Tasche", sagte Frank.
„Nein, es klingelt nicht", sagte der Mann.
„Doch, es klingelt", sagte Frank.
„Das ist nicht meins", sagte der Mann.
„Wessen Telefon klingelt dann in Ihrer Tasche?", fragte Frank.
„Ich weiß es nicht", antwortete der Mann.
„Zeigen Sie es mir bitte", sagte Frank und holte das Handy aus der Tasche des Mannes.
„Oh, das ist meins!", rief die Frau.
„Hier, nehmen Sie Ihr Telefon", sagte Frank und gab

"Poftim. Luați-vă telefonul," spuse Frank și i-l dădu.

"Îmi permiteți?" întrebă Frank și-și băgă din nou mâna în buzunarul bărbatului. Scoase încă un telefon mobil, apoi încă unul.

"Nici acestea nu sunt ale dumneavoastră?" îl întrebă Frank pe bărbat.

Omul dădu neagtiv din cap și își întoarse privirea.

"Ce telefoane ciudate!" strigă Frank. "Au fugit de la proprietarii lor și au sărit în buzunarul acestui bărbat! Iar acum sună în buzunarul lui, nu-i așa?"

"Da, așa este," spuse bărbatul.

"După cum știți, job-ul meu e să protejez oamenii. Și vă voi proteja de ei. Urcați-vă în mașina mea și vă voi duce într-un loc în care niciun telefon nu poate sări în buzunarul dumneavoastră. Mergem la secția de poliție," spuse polițistul. Apoi îl luă pe bărbat de braț și îl duse la mașină.

"Îmi plac criminalii proștuți," spuse zâmbind Frank Strict, după ce l-a dus pe hoț la secția de poliție.

"Ai cunoscut și hoți inteligenți?" întrebă David.

"Da, am cunoscut. Dar se întâmplă rar," răspunse polițistul. "Deoarece este foarte greu să prinzi un răufăcător deștept."

Între timp, doi bărbați intrară la Banca Express. Unul dintre ei se puse la rând. Celălalt se duse la casierie și îi dădu casierului un bilețel. Casierul luă bilețelul și îl citi.

"Stimate domnule,

acesta este un jaf al Băncii Express. Dați-mi toți banii. Dacă nu faceți asta, îmi voi folosi arma. Mulțumesc.

Cu stimă,

Bob"

"Cred că vă pot ajuta," spuse casierul în timp ce apasă în secret butonul de alarmă. "Dar banii au fost închiși de mine în seif ieri. Seiful nu a fost deschis încă. Îi voi cere cuiva să deschidă seiful și să aducă banii. Bine?"

"Bine! Dar repede!" răspunse hoțul.

"Doriți o ceașcă de cafea în timp ce banii sunt puși în genți?" întrebă casierul.

"Nu, mulțumesc. Doar banii," răspunse hoțul.

Radioul din mașina de poliție P07 începu să

es ihr.

„Darf ich?", fragte Frank und steckte seine Hand wieder in die Tasche des Mannes. Er holte ein anderes Handy hervor und dann noch eins.

„Gehören die auch nicht Ihnen?", fragte Frank den Mann.

Der Mann schüttelte den Kopf und sah weg.

„Was für seltsame Handys!", rief Frank. „Sie sind ihren Besitzern davongelaufen und in die Tasche dieses Mannes gesprungen! Und jetzt klingeln sie in seiner Tasche, oder nicht?"

„Ja, das tun sie", sagte der Mann.

„Wie Sie wissen, ist es mein Job, Menschen zu beschützen. Und ich werde Sie vor ihnen beschützen. Steigen Sie in mein Auto, und ich bringe Sie an einen Ort, wo kein Telefon in Ihre Tasche springen kann. Wir fahren aufs Revier", sagte der Polizist. Dann nahm er den Mann am Arm und brachte ihn zum Auto.

„Ich mag dumme Verbrecher", sagte Frank Strict grinsend, nachdem sie den Dieb aufs Revier gebracht hatten.

„Hast du schon schlaue getroffen?", fragte David.

„Ja, das habe ich. Aber es passiert selten", antwortete der Polizist. „Denn es ist sehr schwer, einen schlauen Verbrecher zu fangen."

In der Zwischenzeit betraten zwei Männer die Express Bank. Einer von ihnen stellte sich in der Schlänge an. Ein Anderer ging zur Kasse und gab dem Kassierer einen Zettel. Der Kassierer nahm den Zettel und las.

„Sehr geehrter Herr,

das ist ein Überfall auf die Express Bank. Geben Sie mir alles Geld. Wenn Sie es nicht tun, werde ich meine Waffe benutzen. Danke.

Hochachtungsvoll,

Bob"

„Ich denke, ich kann Ihnen helfen", sagte der Kassierer, während er heimlich den Alarmknopf drückte. „Aber das Geld wurde gestern von mir im Tresor eingeschlossen. Der Tresor wurde noch nicht geöffnet. Ich werde jemanden bitten, den Tresor zu öffnen und das Geld zu bringen. Okay?"

„Okay. Aber schnell!", antwortete der Dieb.

„Hätten Sie gerne eine Tasse Kaffee, während das Geld in Taschen gepackt wird?", fragte der Kassierer.

„Nein, danke. Nur Geld", antwortete der Dieb.

Der Funk im Polizeiauto P07 meldete sich: „Achtung, alle Einheiten. Überfallalarm in der Express Bank."

„P07 ist dran", antwortete Polizeihauptmeister Strict. Er trat aufs Gas, und das Auto fuhr schnell los. Als sie

emită: "În atenția tuturor patrulelor. Avem o alarmă de jaf la Banca Express."
"P07, recepționat," răspunse sergentul Strict. Călcă pedala de accelerație, iar mașina porni repede din loc. Când ajunseră la bancă, încă nu era sosită nicio altă mașină de poliție acolo.
"Va fi un raport interesant, dacă intrăm," spuse David.
"Băieți, faceți ce aveți de făcut. Eu intru pe ușa din spate," spuse sergentul Strict. Își scoase arma și se duse repede la ușa din spate a băncii. David și Robert intrară în bancă pe ușa centrală. Văzură un bărbat stând lângă casierie. El avea o mână în buzunar și se uita primprejur. Bărbatul care venise cu el ieși din rând și se duse la el.
"Unde sunt banii?" îl întrebă pe Bob.
"Roger, casierul a spus că banii vor fi puși în genți," răspunse celălalt hoț.
"M-am săturat să aștept!" spuse Roger. El scoase un pistol și îl îndreptă spre casier, "Aduceți toți banii acum!" strigă el. Apoi merse în mijlocul încăperii și strigă: "Ascultați aici! Acesta este un jaf! Nu mișcă nimeni!" În acest moment, cineva de lângă casierie se mișcă. Fără să se uite, hoțul înarmat trase în el. Celălalt hoț căzu la podea și zbieră: "Roger! Idiotule! La naiba! M-ai împușcat!"
"O, Bobby! Nu am observat că ești tu!" spuse Roger. În acest moment, casierul fugi repede afară.
"Casierul a fugit, iar banii nu au fost încă aduși aici!" strigă Roger către Bob. "Poliția poate veni în orice clipă! Ce să facem?"
"Ia ceva mare, sparge geamul și ia banii. Repede!" strigă Bob. Roger luă un scaun metalic și lovi geamul casieriei. Desigur că nu era un geam obișnuit, așa că nu se sparse. Scaunul ricoșă și îl lovi pe hoț în cap! Căzu inconștient pe podea. În acest moment, sergentul Strict intră repede și le puse cătușe hoților. Se întoarse spre David și Robert.
"Am spus-o! Majoritatea răufăcătorilor sunt pur și simplu proști!" spuse el.

an der Bank ankamen, war noch kein anderes Polizeiauto da.
„Das wird ein interessanter Bericht, wenn wir reingehen", sagte David.
„Ihr Jungs macht, was ihr braucht. Ich gehe durch die Hintertür rein", sagte Polizeihauptmeister Strict. Er holte seine Waffe raus und ging schnell zur Hintertür der Bank. David und Robert betraten die Bank durch die Eingangstür. Sie sahen einen Mann in der Nähe der Kasse stehen. Er hatte eine Hand in seiner Tasche und sah sich um. Der Mann, der mit ihm gekommen war, ging aus der Schlange zu ihm.
„Wo ist das Geld?", fragte er Bob.
„Roger, der Kassierer hat gesagt, dass es in Taschen gepackt wird", antwortete der andere Dieb.
„Ich habe es satt, zu warten", sagte Roger. Er holte seine Waffe hervor und richtete sie auf den Kassierer. „Bringen Sie jetzt alles Geld!", schrie er. Dann ging er in die Mitte des Raums und rief: „Alle herhören! Das ist ein Überfall! Niemand bewegt sich!" In diesem Moment bewegte sich jemand in der Nähe der Kasse. Der Dieb mit der Waffe schoss auf ihn, ohne hinzuschauen. Der andere Dieb fiel auf den Boden und rief: „Roger! Du Vollidiot! Verdammt! Du hast mich angeschossen!"
„Oh, Bobby! Ich habe nicht gesehen, dass du das bist!", sagte Roger. In diesem Moment rannte der Kassierer schnell nach draußen.
„Der Kassierer ist weggerannt, und das Geld ist noch nicht hierher gebracht worden!", rief Roger Bob zu. „Die Polizei kann jeden Moment kommen! Was sollen wir machen?"
„Nimm etwas Großes, zerschlag das Glas und nimm das Geld! Schnell!", rief Bob. Roger nahm einen metallenen Stuhl und schlug auf das Glas der Kasse. Natürlich war es kein gewöhnliches Glas und zerbrach nicht. Doch der Stuhl prallte zurück und traf den Dieb am Kopf! Er fiel bewusstlos zu Boden. In diesem Moment kam Polizeihauptmeister Strict hereingerannt und legte den Dieben schnell Handschellen an. Er drehte sich zu David und Robert um.
„Hab ich es doch gesagt! Die meisten Verbrecher sind einfach nur dumm!", sagte er.

29

Școală pentru studenții străini (ȘSS) și au pair
Schule für Austauschschüler (SAS) und Au-pair

 A

Cuvinte
Vokabeln

1. a alege - auswählen, entscheiden für
2. a intra în - kommen in
3. a învăța - lernen
4. a plăti - bezahlen, zahlen
5. America de Nord și Eurasia - Nordamerika und Eurasien
6. au sunat - riefen an
7. ca - da, weil
8. cea mai apropiată, următoarea - nächste
9. competiție - die Ausschreibung, der Wettbewerb
10. curs - der Kurs
11. dată - das Datum
12. de când - seit
13. de două ori - zweimal
14. (el/ea) scrise - schrieb
15. (el/ea) trimise - schickte
16. (el/ea) vizită - besuchte
17. e-mail - die E-Mail
18. expirat - abgelaufen
19. familie gazdă - die Gastfamilie
20. fiică - die Tochter
21. gazdă - der Gastgeber
22. incorect - ungerecht

23. înțelegere, acord - die Vereinbarung
24. mai în vârstă - älter
25. odată - einmal
26. participant - der Teilnehmer
27. persoană - die Person
28. plătit - bezahlte, gezahlt
29. posibilitate - die Möglichkeit
30. problemă - das Problem
31. sat - das Dorf
32. schimbare - die Änderung; a schimba - ändern
33. scrisoare - der Brief
34. se decise pentru/să - entschied sich für
35. servitor - der Bedienstete
36. și - auch
37. site - die Website
38. speranță - die Hoffnung; a spera - hoffen
39. standard - der Standard, Standard
40. SUA - die Vereinigten Staaten, die USA
41. țară - das Land
42. trăise - lebte

B

Școală pentru studenții străini (ȘSS) și Au Pair

Schule für Austauschschüler (SAS) und Au-pair

Sora lui Robert, fratele lui și părinții lor trăiau în Germania. Ei locuiau în Hannover. Numele surorii lui era Gabi. Ea avea douăzeci de ani. Ea învăța engleza de când avea 11 ani. Când era de 15 ani, își dori să ia parte în programul ȘSS. ȘSS oferă studenților din Eurasia posibilitatea de a petrece un an în SUA, de a locui la o familie gazdă și de a învăța la o școală americană. Programul este gratuit. Biletul de avion, cazarea la familie, mâncarea și studiile la școala americană sunt suportate de ȘSS. Dar când se informă pe site despre înscriere, data limită expirase deja.

Apoi află despre programul Au Pair. Acest program oferă participanților posibilitatea de a petrece un an sau doi într-o altă țară, la o familie gazdă, de a avea grijă de copiii lor și de a învăța limba lor. Din moment ce Robert tocmai studia în San Francisco, Gabi îi scrise un e-mail. Ea îl rugă să-i găsească o familie gazdă în SUA. Robert se uită prin ziare și pe site-uri cu anunțuri. El găsi familii gazdă din SUA pe http://www.aupair-world.net/ și pe http://www.placementaupair.com/. Apoi Robert vizită o agenție Au Pair din San Francisco. O femeie îi oferi consultanță. Numele ei era Alice Sunflower.

"Sora mea este din Germania. Și-ar dori foarte mult să lucreze ca Au Pair la o familie

Roberts Schwester, Bruder und Eltern lebten in Deutschland. Sie wohnten in Hannover. Seine Schwester hieß Gabi. Sie war zwanzig Jahre alt. Sie lernte Englisch, seit sie elf war. Als Gabi fünfzehn war, wollte sie an dem Programm SAS teilnehmen. SAS gibt Highschool-Schülern aus Eurasien die Möglichkeit, ein Jahr in den USA zu verbringen, in einer Gastfamilie zu leben und eine amerikanische Schule zu besuchen. Das Programm ist kostenlos. Das Flugticket, die Unterkunft in der Familie, Essen und das Besuchen der amerikanische Schule werden von SAS gezahlt. Aber als sie sich auf der Website über die Ausschreibung informierte, war die Frist schon abgelaufen.

Dann erfuhr sie von dem Au-pair-Programm. Dieses Programm ermöglicht es den Teilnehmern, ein oder zwei Jahre in einem anderen Land zu verbringen, bei einer Gastfamilie zu leben, sich um die Kinder zu kümmern und eine Sprachschule zu besuchen. Da Robert gerade in San Francisco studierte, schrieb Gabi ihm eine E-Mail. Sie bat ihn darum, eine Gastfamilie für sie in den USA zu finden. Robert sah Zeitungen und Websites mit Anzeigen durch. Er fand amerikanische Gastfamilien auf http://www.aupair-world.net/ und auf http://www.placementaupair.com/. Dann ging Robert zu einer Au-pair-Vermittlung in San Francisco. Er wurde von einer Frau beraten. Sie hieß Alice Sunflower.

"Meine Schwester ist aus Deutschland. Sie würde gerne als Au-pair bei einer amerikanischen Familie

americană. Puteți să mă ajutați?" o întrebă Robert pe Alice.

"Bineînțeles, cu mare plăcere. Noi plasăm Au Pair în familii de peste tot din SUA. Un Au Pair merge la o familie gazdă ca să ajute la treburile casei și să se ocupe de copii. Familia gazdă oferă Au Pair-ului mâncare, o cameră și bani de buzunar. Banii de buzunar variază între 200 și 600 de dolari. Familia gazdă trebuie, de asemenea, să plătească un curs de limbă pentru Au Pair," spuse Alice.

"Sunt și familii bune și rele?" întrebă Robert.

"Există două probleme legate de alegerea familiei. Pe de-o parte, unele familii cred că un Au Pair este un servitor care trebuie să facă totul în casă, inclusiv să gătească pentru toată familia, să facă curățenie, să spele, să lucreze în grădină, etc. Dar un Au Pair nu este un servitor. Un Au Pair este ca și o fiică mai mare sau un fiu mai mare al familiei, care își ajută părinții cu copii mai mici. Pentru a le proteja drepturile, aceștia trebuie să încheie un acord scris cu familia gazdă. Să nu crezi agențiile Au Pair sau familiile gazdă care spun că ei folosesc un acord standard. Nu există acord standard. Au Pair-ul poate schimba orice parte din acordul scris, dacă nu i se pare corectă. Toate atribuțiile unui Au Pair și ale familiei gazdă trebuie stipulate în acord.

A doua problemă este aceasta: Unele familii trăiesc în sate mici, unde nu sunt cursuri de limbă și sunt puține locuri în care Au Pair-ul poate merge în timpul său liber. În această situație, acordul trebuie să prevadă faptul că familia gazdă trebuie să plătească bilete dus-întors până în cel mai apropiat oraș, atunci când Au Pair-ul merge acolo. Poate fi o dată sau de două ori pe săptămână."

"Înțeleg. Sora mea ar vrea o familie din San Francisco. Puteți găsi o familie bună în acest oraș?" întrebă Robert.

"Păi, momentan avem cam 20 de familii din San Francisco," răspunse Alice. Ea sună la câteva dintre ele. Familiile gazdă se bucurară să primească o fată Au Pair din Germania. Majoritatea familiilor vrură o scrisoare cu o fotografie de la Gabi. Unele vrură să o și sune pentru a se asigura că vorbește puțin engleza. Așa că Robert le dădu numărul ei de telefon.

arbeiten. Können Sie mir helfen?", fragte Robert Alice.

„Natürlich, sehr gerne. Wir vermitteln Au-pairs an Familien überall in der USA. Ein Au-pair kommt in eine Gastfamilie, um im Haus zu helfen und sich um die Kinder zu kümmern. Die Gastfamilie gibt dem Au-pair Essen, ein Zimmer und Taschengeld. Das Taschengeld liegt zwischen zweihundert und sechshundert Dollar. Die Gastfamilie muss auch einen Sprachkurs für das Au-pair bezahlen", sagte Alice.

„Gibt es gute und schlechte Familien?", fragte Robert.

„Es gibt zwei Probleme bei der Wahl einer Familie. Zum einen denken manche Familien, dass ein Au-pair ein Bediensteter sei, der alles im Haus machen muss, einschließlich für die ganze Familie kochen, putzen, waschen, Gartenarbeit usw. Aber ein Au-pair ist kein Bediensteter. Ein Au-pair ist wie eine ältere Tochter oder ein älterer Sohn der Familie, der den Eltern mit den jüngeren Kindern hilft. Um ihre Rechte zu schützen, müssen die Au-pairs eine Vereinbarung mit der Gastfamilie ausarbeiten. Glaub bloß nicht, wenn Au-pair-Vermittlungen oder Gastfamilien sagen, dass sie eine Standardvereinbarung verwenden. Es gibt keine Standardvereinbarung. Das Au-pair kann jeden Teil der Vereinbarung ändern, wenn sie ungerecht ist. Alles, was ein Au-pair und die Gastfamilie machen, muss schriftlich in der Vereinbarung festgehalten werden.

Das zweite Problem ist: Manche Familien leben in kleinen Dörfern, in denen es keine Sprachkurse und wenige Orte gibt, wo das Au-pair in seiner Freizeit hingehen kann. In diesem Fall muss die Vereinbarung enthalten, dass die Gastfamilie für Hin- und Rückfahrkarten in die nächste größere Stadt zahlen muss, wenn das Au-pair dorthin fährt. Das kann ein- oder zweimal die Woche sein."

„Alles klar. Meine Schwester hätte gerne eine Familie aus San Francisco. Können Sie eine gute Familie in dieser Stadt finden?", fragte Robert.

„Na ja, im Moment haben wir etwa zwanzig Familien aus San Francisco", antwortete Alice. Sie rief ein paar von ihnen an. Die Gastfamilien waren froh, ein Au-pair-Mädchen aus Deutschland zu bekommen. Die meisten Familien wollten einen Brief mit einem Foto von Gabi. Manche wollten sie auch anrufen, um sicherzugehen, dass sie ein bisschen Englisch sprach. Also gab Robert ihnen ihre Telefonnummer.

Ein paar Gastfamilien riefen Gabi an. Dann schickte

Câteva familii o sunară pe Gabi. Apoi ea le trimise scrisori. În cele din urmă, ea se decise pentru o familie potrivită şi, cu ajutorul lui Alice, încheie un acord cu ei. Familia plăti biletul din Germania spre SUA. În cele din urmă, Gabi porni spre SUA plină de speranţe şi visuri.

sie ihnen Briefe. Schließlich entschied sie sich für eine passende Familie und arbeitete mit Alices Hilfe eine Vereinbarung mit ihnen aus. Die Familie bezahlte das Ticket von Deutschland in die USA. Schließlich fuhr Gabi voller Hoffnungen und Träume in die USA.

* * *

Wörterbuch Rumänisch-Deutsch

a aduce - bringen
a ajunge (undeva) - ankommen
a alege - auswählen, entscheiden für, wählen, aussuchen
a alerga - laufen
a apăsa - drücken
a arăta - zeigen
a asculta - hören
a asculta cu atenție - genau zuhören
a aștepta - warten
a ateriza - landen
a avea - haben; el / ea are - er / sie / es hat; El are o carte. - Er hat ein Buch.
a avea mult de lucru - viel zu tun haben
a avea nevoie - brauchen
a bate - schlagen
a bea - trinken
a cădea - fallen
a călători - reisen
a candida - sich bewerben
a cânta - singen; cântăreț - der Sänger
a câștiga - verdienen; Câștig 10 dolari pe oră. - Ich verdiene zehn Dollar pro Stunde.
a cere, a ordona - befehlen
a cheltui - ausgeben, verwenden
a chema - rufen; centru de apel - das Callcenter
a citi - lesen
a coborî - aussteigen
a concedia - feuern
a conduce - fahren
a continua - fortführen
a continua să privească - weiter schauen
a costa - kosten
a crede - glauben
a cumpăra - kaufen
a da - geben
a dansa - tanzen
a dansat - getanzt *(part.)*
a deranja - ärgern
a descărca - abladen
a deschide - öffnen
a deveni, a se face - werden
a dezvolta - entwickeln
a dirija, a mâna (vehicule) - lenken
a distruge - zerstören
a dormi - schlafen
a duce la ceva - führen

a dura - dauern; Filmul durează mai mult de trei ore. - Der Film dauert mehr als 3 Stunden.
a elibera - freisetzen
a estima, a aprecia - beurteilen
a explica - erklären
a face - machen
a face curat - sauber machen, putzen
a fi - sein
a fi atent la - achten auf
a fi de acord - einverstanden sein
a folosi - benutzen
a fost - war
a fotografia - fotografieren; fotograf - der Fotograf
a frâna - bremsen
a freca - reiben
a fugi - rennen, joggen, laufen, weglaufen
a fura - stehlen
a gândi - denken
a găsi - finden
a hrăni - füttern
a împinge, a trage - stoßen, ziehen
a încălzi - aufwärmen
a încărca - beladen, laden; încărcător - der Verlader
a începe - anfangen
a încerca - versuchen
a închide - schließen
a încremeni - erstarren
a informa - informieren, mitteilen
a înghiți - (hinunter) schlucken
a înota - schwimmen
a înregistra - aufnehmen
a însoți - begleiten
a întâlni - treffen, kennenlernen
a înțelege - verstehen
a înțeles - verstanden
a intra în - kommen in
a întreba - bitten, fragen
a întrebat - gefragt
a învăța - beibringen, lernen
a iubi - lieben
a lăsa - lassen
a legăna - schaukeln
a lua - nehmen
a lua micul dejun - frühstücken
a lua parte - teilnehmen

a luat - gebracht
a lucrat - gearbeitet
a mânca - essen
a merge - gehen; Eu merg la bancă. - Ich gehe zur Bank.
a merge cu bicicleta - Fahrrad fahren, mit dem Fahrrad fahren
a mulţumi - danken; mulţumesc - danke
a muri - sterben
a muşca - beißen
a oferi consultanţă, a sfătui - beraten
a opri - ausmachen
a părăsi - verlassen
a păşi - treten
a permite - dürfen, können
a pierde - verlieren
a plăcea, a iubi - mögen, lieben, gefallen; Îmi place. - Das gefällt mir.
a plânge, a urla - weinen, schreien, rufen
a planifica - planen
a plăti - bezahlen, zahlen
a pleca - weggehen
a pluti - treiben
a porni - anmachen
a potrivi, a pune (centura de siguranţă) - anschnallen
a pregăti - vorbereiten
a pretinde - vorgeben
a primi (ceva) - (etwas) erhalten, bekommen
a prinde - fangen
a proteja - beschützen
a pune (pe un scaun, etc.) - setzen
a putea - können; Eu pot citi. - Ich kann lesen.
a râde - lachen
a rămâne - bleiben
a raporta - berichten
a răspunde - antworten, erwidern; răspuns - die Antwort
a răspuns - geantwortet
a reabilita - gesund pflegen
a recomanda - empfehlen
a refuza - ablehnen
a ricoşa - abprallen
a salva - retten
a sări - springen; salt, săritură - der Sprung
a săruta - küssen
a scrie - schreiben
a se antrena - trainieren; antrenat - trainiert
a se ascunde - sich verstecken

a se aşeza - sich hinsetzen
a se bucura - Spaß haben, genießen
a (se) conversa - sich unterhalten
a se cunoaşte reciproc - sich kennen
a se extinde - übergreifen
a se îmbrăca - sich anziehen
a se întâmpla - passieren
a se întoarce, a roti - drehen
a se juca - spielen
a se ocupa de - sich kümmern um
a se opri - anhalten
a se ridica - aufstehen; Ridică-te! - Steh auf!
a se uita - schauen, betrachten
a se uita împrejur - sich umsehen
a servi - bedienen
a sosit - angekommen
a spăla - waschen, putzen
a spune - sagen
a sta (în picioare) - stehen
a şti - kennen, wissen
a strigat - gerufen
a studia - studieren
a sublinia - unterstreichen
a suna, a telefona, a suna la telefon - anrufen
a sunat - klingelte
a surprinde - überraschen
a testa, a verifica - prüfen
a trage - ziehen
a trăi - leben, wohnen
a trece un test/examen - eine Prüfung bestehen
(a trece) pe lângă - vorbei
a tremura - zittern
a turna - schütten, gießen
a uita - vergessen
a umple - füllen
a urî - hassen
a vedea - sehen
a veni / a pleca - kommen / gehen
a verifica - kontrollieren
a vinde - verkaufen
a visa - träumen
a vorbi - sprechen
a vrea - wollen
a zâmbi - lächeln
abilitate - die Fähigkeit
accident - der Unfall
acela - jener, jene, jenes
acelaşi - der / die / das Gleiche

acesta - dieser, diese, dieses; această carte - dieses Buch
aceștia, aceia - diese, jene (pl.)
acolo - dort, dorthin
acoperiș - das Dach
acum - jetzt, zurzeit, gerade
adesea - oft
adresă - die Adresse
aer - die Luft
aeste lucruri - diese Dinge
afară - draußen
agenție - die Agentur
a-i fi rușine - sich schämen
a-i părea rău - leid tun; Îmi pare rău. - Es tut mir leid.
aici - hier (Ort); aici este - hier ist
ajutor, asistent - der Helfer, die Hilfe; a ajuta - helfen
al căruia - wessen
al doilea - zweiter
al ei - ihr; cartea ei - ihr Buch
al lor - ihr
al lui - sein, seine; patul lui - sein Bett
al meu - mein, meine
al nostru - unser
al nouălea - neunter
al optulea - achter
al patrulea - vierter
al șaptelea - siebter
al șaselea - sechster
al tău - dein
al treilea - dritter
al zecelea - zehnter
alarmă - der Alarm
alb - weiß
albastru - blau
altul - andere, anders, sonst, ein anderer, eine andere, ein anderes
America de Nord și Eurasia - Nordamerika und Eurasien
american - Amerikaner
amuzant - lustig
an - das Jahr
angajator - der Arbeitgeber
animal - das Tier
animal de casă - das Haustier
anotimp - die (Jahres)zeit
anunț - das Inserat
apă - das Wasser

apoi - danach
aproape - in der Nähe
apropiere - die Nähe
apropo - übrigens
aptitudine - die Begabung
ar putea - könnte, kann
arătă - zeigte
artă - die Kunst
artist - der Künstler
asasin - der Mörder
ascunse - versteckte
a-și cere scuze - sich entschuldigen
a-și face griji - sich Sorgen machen
aspirină - das Aspirin
așteptă - wartete
asterisc - das Sternchen
atenție - die Aufmerksamkeit
atunci - dann
au sunat - riefen an
autobuz - der Bus; a merge cu autobuzul - mit dem Bus fahren
auzi, a auzit - hörte, gehört
aventură - das Abenteuer
avion - das Flugzeug
avu, a avut - hatte, gehabt
azi - heute
băiat - der Junge
baie - das Bad, das Badezimmer; vană - die Badewanne
balenă - der Wal; balena ucigșă - der Schwertwal
bancă - die Bank
bani - das Geld
bani lichizi - das Bargeld
bărbat - der Mann
bărbați - die Männer
bibliotecă - das Bücherregal
bicicletă - das Fahrrad
bicicletă sport - das Sportfahrrad
bilet - die Fahrkarte
bine - gut, alles klar, okay
bip - der Piepton
birou - das Büro, der Schreibtisch
braț - der Arm
bucătărie - die Küche
bucuros - froh
bun - gut
buton - der Knopf
buzunar - die Tasche

ca - da, weil
că - dass; Știu că această carte este interesantă. - Ich weiß, dass dieses Buch interessant ist.
cablu - das Kabel
cafea - der Kaffee
cafenea - das Café
caiet de notițe - das Notizbuch
caiete de notițe - die Notizbücher
câine - der Hund
călcă - trat
calculator - der Computer
cald - warm
cam, aproximativ - etwa
cameră - das Zimmer
camere - die Zimmer
cămin studențesc - das Studentenwohnheim
camion - der Lastwagen
câmp - das Feld
Canada - Kanada
canadian - Kanadier
când - wenn
cangur - das Känguru
cap - der Kopf; a merge - gehen
căpitan - der Kapitän
care - der, die, das *(konj.)*
care citește - lesend
Care este problema? - Was ist los?
care gătește - kochend
Care masă? - Welcher Tisch?
carnet de conducere - der Führerschein
carte - das Buch
cartea lui David - Davids Buch
cărunt - grauhaarig
casă - das Haus, das Zuhause; a merge acasă - nach Hause gehen
cascadorie de salvare a vieții - der Rettungstrick
casetă video - die Videokassette
casierie - die Kasse
cât de des posibil - so oft wie möglich
cățeluș - der Welpe
câteva - einige
câțiva, câteva - ein paar
cătușe - die Handschellen
cauciuc - der Gummi
căzătură - der Fall
căzu - fiel
căzut, prăbușit - abgestürzt
CD - die CD

CD-player - der CD-Spieler
ce - was, welcher / welche / welches
cea mai apropiată, următoarea - nächste
ceai - der Tee
ceainic - der Kessel
ceas - die Uhr
ceașcă - die Tasse
Ce-i asta? - Was ist das?
central - Haupt, zentral
centru - das Zentrum; centrul orașului - das Stadtzentrum
centru de cumpărături - das Einkaufszentrum
centură de siguranță - der Sicherheitsgurt
ceremonie - die Feier
ceva - etwas
cheie - der Schlüssel
chestionar - der Fragebogen
chiar - wirklich
chimic - chemisch
chimicale - die Chemikalien
chimie - die Chemie
cinci - fünf
cincisprezece - fünfzehn
cine - wer
cineva - jemand
clasă - die Klasse
client - der Kunde
club - der Verein
coadă - der Schwanz
coleg - der Kollege
competiție - die Ausschreibung, der Wettbewerb
compoziție - der Entwurf, der Text
compune - entwerfen, verfassen
conducător, lider - der Führer
conduse - fuhr
confuz - verwirrt
constant - beständig
consultant - der Berater
consultanță - die Beratung
control - die Kontrolle
coordonare - die Koordination
copii - die Kinder
copil - das Kind
corect - richtig; a corecta - korrigieren
creativ - kreativ
criminal - der Verbrecher
cristal - das Kristall
cu - mit

cu grijă - vorsichtig
cu stimă - hochachtungsvoll
cu un an în urmă - vor einem Jahr
cum - wie
cuptor - der Herd
curat - sauber
curățat - gesäubert
curent - der Strom
curs - der Kurs
curte - der Hof
cutie - die Kiste
cuvânt - das Wort, die Vokabel
cuvinte - die Wörter, die Vokabeln
da - ja
dacă - ob
dădu - gab
dansând - tanzend
dar - aber
dată - das Datum
de aceea - deswegen
de când - seit
de două ori - zweimal
de exemplu - zum Beispiel
de-a lungul - entlang
de-a v-ați ascunselea - das Versteckspiel
decât, ca - als; George este mai învârstă ca Linda. - George ist älter als Linda.
deja - schon
deoarece - da, weil
departamentul de resurse umane - die Personalabteilung
departe - weg, weit
deschis - geöffnet
deschise - öffnete
deși - obwohl, trotzdem
desigur - klar, sicher, natürlich
destul de - ziemlich
diferit - verschieden
dimineață - der Morgen
din - aus; din SUA - aus den USA
din nou - wieder
discurs - die Rede
distracție - der Spaß
doar - einfach, nur
doctor - der Arzt
doi - zwei
doisprezece - zwölf
domiciliat, care locuiește - wohnhaft
domnișoară - Fräulein

domnul, Dl. - Herr, Hr.
douăzeci - zwanzig
douăzeci și cinci - fünfundzwanzig
douăzeci și unu - einundzwanzig
drag, dragă - lieber, liebe
drăguț - schön
dreapta - rechts
drum - der Weg
după - nach
DVD - die DVD
ea - sie
echipă - die Mannschaft
editor - der Herausgeber
editură - der Verlag
educație - die Ausbildung
ei - sie
el - er
(el/ea) află despre - kennengelernt
(el/ea) goni - raste
(el/ea) scrise - schrieb
(el/ea) știu - wusste
(el/ea) trimise - schickte
(el/ea) vizită - besuchte
electric - elektrisch
e-mail - die E-Mail
energie - die Energie
erau, au fost - waren
estimat, analizat - ausgewertet
etc. - usw.
eu - ich
Eu ascult muzică. - Ich höre Musik.
exemplu - das Beispiel
experiență - die Erfahrung
expirat - abgelaufen
extraterestru - der Außerirdische
făcu - tat
familie - die Familie
familie gazdă - die Gastfamilie
fără - ohne
fără cuvinte - wortlos
farfurie - der Teller
farmacie - die Apotheke
față - das Gesicht
fată - das Mädchen
fel - die Art
femeie - die Frau
feminin - weiblich
fereastră - das Fenster
ferestre - die Fenster

fericire - das Glück
fericit - glücklich
fermă - der Bauernhof
fermier - der Bauer
fiecare - jeder, jede, jedes
fiică - die Tochter
film - der Film
film preferat - der Lieblingsfilm
filtru de cafea - die Kaffeemaschine
final - das Ende; a termina - beenden
finanțe - die Finanzwissenschaft
firmă - die Firma
firme - die Firmen
fiu - der Sohn
floare - die Blume
fluent - fließend
flux - der Fluss
foaie - das Blatt
foarte - sehr
foc - das Feuer
formular - das Formular
frână - die Bremse
frate - der Bruder
furat - gestohlen
furios - wütend
galben - gelb
găleată - der Eimer
gară - der Bahnhof
găsit - gefunden
gata, terminat - fertig
gaz - das Gas
gazdă - der Gastgeber
geacă - die Jacke
geantă - die Tasche
german, germancă - der Deutsche, die Deutsche
gol - leer
grădină - der Garten
grădină zoologică - der Zoo
grădiniță - der Kindergarten
greu - schwer
gri - grau
grijului - sorgfältig
grozav - super, toll
gustare - der Imbiss
gustos - lecker
hartă - die Karte
hârtie - das Papier
Hei! - Hey!
hoț - der Dieb

hotel - das Hotel
hoteluri - die Hotels
hoți - die Diebe
idee - die Idee
ieri - gestern
ieșit din funcțiune - außer Betrieb
îmbrăcăminte - die Kleidung
îmbrăcat - angezogen
imediat - sofort
important - wichtig
împotriva - gegen
împreună - zusammen
împușcă, a împușcat - schoss; angeschossen
în - in
în același timp - gleichzeitig
în curând - bald
în fața - vorn
în liniște, încet - leise
în loc de - anstelle von
în loc, în schimb - stattdessen
în locul tău - an deiner Stelle
în mod normal - normalerweise
în secret - heimlich
în sfârșit - schließlich
în spate - hinter
în timp ce - während
în urmă - vor
înainte, în fața - vor
înalt - hoch
înapoi - zurück
înăuntru - in
încă - noch, weiterhin
încă unul - noch einen
începu (să conducă), plecă - fuhr los; începu, a început - begann, begonnen
încercă - versuchte
încet - langsam
închis - geschlossen
inconștient - bewusstlos
incorect, greșit - ungerecht, falsch
individual - einzeln
înfometat - hungrig; Îmi este foame. - Ich habe Hunger.
informă, a informat - informierte, mitgeteilt
informație - die Information, die Angabe
înghețată - das Eis
inginer - der Ingenieur
însoțit - begleitet
întâlni, a întâlnit - getroffen, kennengelernt

108

întâmplat - passiert
înțelegere, acord - die Vereinbarung
inteligent - intelligent
interesant - interessant
între - zwischen
între timp - in der Zwischenzeit
întunecat - dunkel
își aminti - erinnerte sich
iubi, a iubit - liebte, geliebt
iubire - die Liebe
jaf - der Diebstahl, der Überfall
jos - nach unten
jucărie - das Spielzeug
jumătate - halb
jurnalist - der Journalist
kilometru - der Kilometer
la - am, beim
la fel - auch
la început - erst
la naiba - verdammt
la opt jumate - um halb neun
la ora unu - um eins
la revedere - Auf Wiedersehen
lac - der See
larg - weit
lasă-ne - lass uns
laser - der Laser
lătră - bellte
leu - der Löwe
liber - frei
lift - der Aufzug
limbă - die Sprache
limbă maternă - die Muttersprache
limită - die Begrenzung
listă - die Liste
loc - der Platz, der Sitz; a se așeza - sich hinsetzen
luă - nahm
lucrând - arbeitend
lucru - das Ding, die Sache
lucru manual - die Handarbeit
lui - ihm
lume - die Welt
lung - lang
luni - Montag
măcar - wenigstens
magazin - der Laden, der Supermarkt
magazine - die Läden
mai ales - vor allem

mai aproape - näher
mai bine - besser
mai departe - weiter
mai în vârstă - älter
mai mare - größer
mai mult - mehr
mai puțin - weniger
maimuță - der Affe
mâine - morgen
mal - die Küste
mamă - Mama, die Mutter
mâncare - das Essen
manual - das Fachbuch
mare - das Meer
mare / mai mare / cel mai mare - groß / größer / am größten
masă - der Tisch
masă de baie - der Badezimmertisch
masculin, bărbătesc - männlich
mașină - das Auto, die Maschine
mașină de spălat - die Waschmaschine
medical - medizinisch
membru - das Mitglied
mereu - immer
mese - die Tische
metal - das Metall
metodă - die Methode
metru - der Meter
mic - klein
mic dejun - das Frühstück
microfon - das Mikrofon
mii - tausend
milion - Billionen
minunat - wunderbar, wunderschön
minut - die Minute
mirositor - stinkend
mister - das Rätsel
mobilă - die Möbel
moment - der Moment
monoton - monoton
mortal - tödlich
motiv - der Grund
motor - der Motor
mult, multe - viel, viele
muncă mentală - die Kopfarbeit
muncitor - der Arbeiter
murdar - dreckig
muri - starb
musafir - der Gast

muzică - die Musik
nas - die Nase
naționalitate - die Nationalität
natură - die Natur
navetă spațială - das Raumschiff
necăsătorit - ledig
negru - schwarz
niciodată - nie
nimeni - niemand
nimic - nichts
nisip - der Sand
noapte - die Nacht
noi - wir
normal - normal
notiță - die Notiz
nou - neu
nouă - neun, uns
nu - nein, nicht
nu trebuie să - nicht dürfen
număr - die Nummer
nume - der Name; a numi - nennen
Nu-ți face griji! - Mach dir keinen Kopf!
O! - Oh!
oameni - die Menschen
obișnuit - gewöhnlich
obosit - müde
ochi - das Auge, die Augen
odată - einmal
om - der Mensch
omorî - tötete, getötet *(part.)*
opri - beendete
opt - acht
oră - die Stunde, Uhr; din oră în oră - stündlich;
    Este ora două. - Es ist zwei Uhr.
oraș - die Stadt
oricare - irgendwelche
orice, nimic - etwas, nichts
pa - tschüss
pahar - das Glas
pâine - das Brot
pălărie - der Hut
palid - blass
Pământ - die Erde
până - bis
panică - die Panik; a se panica - in Panik
    versetzen
pantaloni - die Hose
păpușă - die Puppe
păr - das Haar

parașută - der Fallschirm
parașutist - der Fallschirmspringer
parc - der Park
parcuri - die Parks
părinți - die Eltern
parte - der Teil
participant - der Teilnehmer
pas - der Schritt; a păși - treten
pasăre - der Vogel
pastilă - die Tablette
pat - das Bett
patru - vier
patrulă - die Patrouille, die Streife
patruzeci și patru - vierundvierzig
paturi - die Betten
pauză - die Pause
pe - auf
pe jos - zu Fuß
pe mine - mich
pe oră - pro Stunde
(pe) aproape - nahe
pentru - für
pentru că - weil
persoană - die Person
personal - persönlich
peste - über
piață - der Platz
piatră - der Stein
picior - das Bein, der Fuß
pilot - der Pilot
piscuță - die Miezekatze
pisică - die Katze
pisicuță - das Kätzchen
pistol - die Waffe
pix - der Stift
pixuri - die Stifte
plan - der Plan
planetă - der Planet
plătit - bezahlte, gezahlt
plecat - weg
plin - voll
ploaie - der Regen
pod - die Brücke
podea - der Boden
poliția - die Polizei
polițist - der Polizist
Polonia - Polen
porni - machte an
posibil - möglich

posibilitate - die Möglichkeit
potrivit - passend
poveste - die Geschichte
poză - das Foto
poziţie - die Position
precum - da, wie
preferat - Lieblings
prenume - der zweite Name
preţ - der Preis
prieten - der Freund
prietenă - die Freundin
prietenos - freundlich
prin - hindurch
privi, a privit - sah, schaute, geschaut
problemă - das Problem
produce - herstellen
profesie - der Beruf
profesor - der Lehrer
program - das Programm
programator - der Programmierer
proiect - das Design
propoziţie - der Satz
proprietar - der Besitzer
propriu - eigener, eigene, eigenes
public - das Publikum
putere - die Stärke
puternic - stark
puţin - wenig; câteva - ein paar
răcoare - die Kälte
radar - der Radar
radio - das Radio
rând - die Schlange
rapid - schnell
rar - selten
răspuns - die Lösung
rău - schlecht
război - der Krieg
reabilitare - die Genesung, Rehabilitation
real - wirklich
rece - kalt
receptor - der Telefonhörer
reclamă - die Anzeige, die Werbung
recomandare - die Empfehlung
recomandat - empfohlen
regulă - die Regel
reporter - der Reporter
revistă - die Zeitschrift
roată - das Rad
robinet - der Wasserhahn

robot telefonic - der Anrufbeantworter
roşu - rot
roţile din faţă - die Vorderräder
rotund - rund
rubrică - die Rubrik
şaizeci - sechzig
sală de clasă - das Klassenzimmer
saltea - die Matratze
salut - hallo
sămânţă - das Saatgut
sâmbătă - der Samstag
sănătate - die Gesundheit
sandviş - das Butterbrot, das Sandwich
şansă - die Chance
săptămână - die Woche
şapte - sieben
şaptesprezece - siebzehn
sărac - arm
sarcină - die Aufgabe
şase - sechs
sat - das Dorf
scară - die Treppe
scaun - der Stuhl
schimbare - die Änderung; a schimba - ändern
şcoală - die Schule
scriitor - der Schriftsteller
scrisoare - der Brief
scurt - kurz
Scuzaţi-mă. - Entschuldigen Sie.
se decise pentru/să - entschied sich für
se întoarse - drehte
se mişcă - bewegte sich
seară - der Abend
secret - das Geheimnis
secretară - die Sekretärin
seif - der Tresor
sentiment - das Gefühl
sergent - der Polizeihauptmeister
serial - die Serie
serios - ernst, wirklich
serviciu - die Arbeit; agenţie pentru ocuparea
   forţei de muncă - die Arbeitsvermittlung
serviciul de salvare - der Rettungsdienst
servitor - der Bedienstete
sex - das Geschlecht
şi - auch, und
silenţios - leise
simplu - einfach
sirenă - die Sirene

șiret - schlau
site - die Website
situație - die Situation
șobolan - die Ratte
șofer - der Fahrer
șofer de taxi - der Taxifahrer
soră - die Schwester
spaniel - der Spaniel
spaniol - spanisch
spațiu - das Weltall
spectacol aerian - die Flugschau
speranță - die Hoffnung; a spera - hoffen
speriat - ängstlich
sport - der Sport; magazin de articole sportive - das Sportgeschäft
spuse - sagte
standard - der Standard, Standard
stânga - links
stare - der Stand; stare civilă - der Familienstand
stea - der Stern
stradă - die Straße
străin - fremd
străzi - die Straßen
student - der Student
studenți - die Studenten
stupid, prost - dumm
SUA - die Vereinigten Staaten, die USA
sub - unter
subit - plötzlich
sunet - das Klingeln; a suna - klingeln
surprins - überrascht, verwundert
surpriză - die Überraschung
sută - hundert
tânăr - jung
tanc petrolier - der Tanker
țânțar - die Stechmücke
țară - das Land
tare - laut
țărm - die Küste
tastatură - die Tastatur
tată - der Vater, Papa
taxi - das Taxi
te rog, vă rog - bitte
telefon - das Telefon; a telefona - telefonieren; telefon mobil - das Handy
televizor - der Fernseher
temă, lecție - die Aufgabe, Lektion
teme de casă - die Hausaufgaben

test, examen - die Prüfung
text - der Text
tigru - der Tiger
timp - die Zeit
timp liber - die Freizeit, freie Zeit
ținti - richtete
toaletă - die Toilette
toate - round vielseitig, alles könnend
toți - alle
totul - alles
traducător - der Übersetzer
trăise - lebte
transport - der Transport
trebuie - müssen; Trebuie să plec. - Ich muss gehen.
trei - drei
treizeci - dreißig
tren - der Zug
trist - traurig
truc - der Trick
tu / voi - du / ihr
ud - nass
ulcior - der Krug
ulei - das Öl
umplut - ausgestopft; parașutist umplut (cu paie) - die Fallschirmspringerpuppe
unde - wo
uneori - manchmal, ab und zu
universitate - die Universität, die Uni
unsprezece - elf
unt - die Butter
unu - ein
unul câte unul - einer nach dem anderen
unul dintre voi - einer von euch
ureche - das Ohr
urlând - heulend
urmărire - die Verfolgung
ușă - die Tür
uscat - trocken; a usca - trocknen
ușor - leicht
va continua - Fortsetzung folgt
val - die Welle
vânt - der Wind
vânzător, vânzătoare - der Verkäufer, die Verkäuferin
vapor - das Schiff
vârstă - das Alter
văzură - sahen
vecin - der Nachbar

veni, a venit - kam, gekommen
verde - grün
veterinar - der Tierarzt
viață - das Leben
viclean - schlau
videotecă - die Videothek
viitor - zukünftig
vis - der Traum
viteză - die Geschwindigkeit; a accelera, a goni
  - rasen
vitezoman - der Raser
voce - die Stimme

voia, a vrut - wollte
vreme - das Wetter
zâmbet - das Lächeln
zâmbi, a zâmbit - lächelte, gelächelt
zbură - flog weg
zebră - das Zebra
zece - zehn
zgâlțâi - wackelte
zi - der Tag; zilnic - täglich, jeden Tag
ziar - die Zeitung

Wörterbuch Deutsch-Rumänisch

Abend, der - seară
Abenteuer, das - aventură
aber - dar
abgelaufen - expirat
abgestürzt - căzut, prăbușit
abladen - a descărca
ablehnen - a refuza
abprallen - a ricoșa
acht - opt
achten auf - a fi atent la
achter - al optulea
Adresse, die - adresă
Affe, der - maimuță
Agentur, die - agenție
Alarm, der - alarmă
alle - toți
alles - totul
als - decât, ca; George ist älter als Linda. - George este mai învârstă ca Linda.
Alter, das - vârstă; älter - mai în vârstă
am, beim - la
Amerikaner - american
an deiner Stelle - în locul tău
andere - altul
ändern - a schimba
anders, sonst - altul
Änderung, die - schimbare
anfangen - a începe
angekommen - a sosit
angezogen - îmbrăcat
ängstlich - speriat
anhalten - a se opri
ankommen - a ajunge (undeva)
anmachen - a porni
Anrufbeantworter, der - robot telefonic
anrufen - a suna, a telefona, a suna la telefon
anschnallen - a potrivi, a pune (centura de siguranță)
anstelle von - în loc de
antworten, erwidern - a răspunde; die Antwort - răspuns
Anzeige, die - reclamă
Apotheke, die - farmacie
Arbeit, die - serviciu
arbeitend - lucrând
Arbeiter, der - muncitor
Arbeitgeber, der - angajator

Arbeitsvermittlung, die - agenție pentru ocuparea forței de muncă
ärgern - a deranja
Arm, der - braț; arm - sărac
Art, die - fel
Arzt, der - doctor
Aspirin, das - aspirină
auch, und - la fel, și
auf - pe
Auf Wiedersehen - la revedere
Aufgabe, die; Lektion - temă, lecție, sarcină
Aufmerksamkeit, die - atenție
aufnehmen - a înregistra
aufstehen - a se ridica
aufwärmen - a încălzi
Aufzug, der - lift
Auge, das, die Augen - ochi
aus - din; aus den USA - din SUA
Ausbildung, die - educație
ausgeben, verwenden - a cheltui
ausgestopft - umplut
ausgewertet - estimat, analizat
ausmachen - a opri
Ausschreibung, die; der Wettbewerb - competiție
außer Betrieb - ieșit din funcțiune
Außerirdische, der - extraterestru
aussteigen - a coborî
auswählen, entscheiden für - a alege
Auto, das - mașină
Bad, das; das Badezimmer - baie
Badewanne, die - vană
Badezimmertisch, der - masă de baie
Bahnhof, der - gară
bald - în curând
Bank, die - bancă
Bargeld, das - bani lichizi
Bauer, der - fermier
Bauernhof, der - fermă
bedienen - a servi
Bedienstete, der - servitor
beenden - a termina
beendete - opri
befehlen - a cere, a ordona
Begabung, die - aptitudine
begann, begonnen - începu, a început
begleiten - a însoți

begleitet - însoțit
Begrenzung, die - limită
beibringen - a învăța
Bein, das - picior
Beispiel, das - exemplu
beißen - a mușca
bekommen - a primi
beladen - a încărca
bellte - lătră
benutzen - a folosi
beraten - a oferi consultanță, a sfătui
Berater, der - consultant
Beratung, die - consultanță
berichten - a raporta
Beruf, der - profesie
beschützen - a proteja
Besitzer, der - proprietar
besser - mai bine
beständig - constant
besuchte - (el/ea) vizită
Bett, das - pat
Betten, die - paturi
beurteilen - a estima, a aprecia
bewegte sich - se mișcă
bewusstlos - inconștient
bezahlen, zahlen - a plăti
bezahlte, gezahlt - plătit
Billionen - milion
bis - până
bitte - te rog, vă rog
bitten, fragen - a întreba
blass - palid
Blatt, das - foaie
blau - albastru
bleiben - a rămâne
Blume, die - floare
Boden, der - podea
brauchen - a avea nevoie
Bremse, die - frână
bremsen - a frâna
Brief, der - scrisoare
bringen - a aduce
Brot, das - pâine
Brücke, die - pod
Bruder, der - frate
Buch, das - carte
Bücherregal, das - bibliotecă
Büro, das - birou

Bus, der - autobuz; mit dem Bus fahren - a merge cu autobuzul
Butter, die - unt
Butterbrot, das - sandviș
Café, das - cafenea
Callcenter, das - centru de apel
CD, die - CD
CD-Spieler, der - CD-player
Chance, die - șansă
Chemie, die - chimie
Chemikalien, die - chimicale
chemisch - chimic
Computer, der - calculator
da, weil - ca, deoarece, precum
Dach, das - acoperiș
danach - apoi
danken - a mulțumi; danke - mulțumesc
dann - atunci
dass - că; Ich weiß, dass dieses Buch interessant ist. - Știu că această carte este interesantă.
Datum, das - dată
dauern - a dura
Davids Buch - cartea lui David
dein - al tău
denken - a gândi
der, die, das *(konj.)* - care
Design, das - proiect
deswegen - de aceea
Deutsche, der; die Deutsche - german, germancă
die (Jahres) zeit - anotimp
Dieb, der - hoț
Diebe, die - hoți
Diebstahl, der - jaf
diese, jene (pl.) - aceștia, aceia
diese Dinge - aeste lucruri
dieser, diese, dieses - acesta; dieses Buch - această carte
Ding, das; die Sache - lucru
Dorf, das - sat
dort, dorthin - acolo
draußen - afară
dreckig - murdar
drehen - a se întoarce, a roti
drehte - se întoarse
drei - trei
dreißig - treizeci
dritter - al treilea

drücken - a apăsa
du / ihr - tu / voi
dumm - stupid, prost
dunkel - întunecat
dürfen, können - a permite
DVD, die - DVD
eigener, eigene, eigenes - propriu
Eimer, der - găleată
ein - unu
ein anderer, eine andere, ein anderes - altul
ein paar - câțiva, câteva
eine Prüfung bestehen - a trece un test/examen
einer nach dem anderen - unul câte unul
einer von euch - unul dintre voi
einfach - doar, simplu
einige - câteva
Einkaufszentrum, das - centru de cumpărături
einmal - odată
einundzwanzig - douăzeci și unu
einverstanden sein - a fi de acord
einzeln - individual
Eis, das - înghețată
elektrisch - electric
elf - unsprezece
Eltern, die - părinți
E-Mail, die - e-mail
empfehlen - a recomanda
Empfehlung, die - recomandare
empfohlen - recomandat
Ende, das - final
Energie, die - energie
entlang - de-a lungul
entschied sich für - se decise pentru/să
Entschuldigen Sie. - Scuzați-mă.
entwerfen, verfassen - compune
entwickeln - a dezvolta
Entwurf, der; der Text - compoziție
er / sie / es hat - el / ea are; Er hat ein Buch. - El are o carte.
Erde, die - Pământ
Erfahrung, die - experiență
erinnerte sich - își aminti
erklären - a explica
ernst - serios
erst - la început
erstarren - a încremeni
Essen, das - mâncare; essen - a mânca
etwa - cam, aproximativ
etwas, nichts - ceva, orice, nimic

(etwas) erhalten - a primi (ceva)
Fachbuch, das - manual
Fähigkeit, die - abilitate
fahren - a conduce
Fahrer, der - șofer
Fahrkarte, die - bilet
Fahrrad, das - bicicletă; Fahrrad fahren, mit dem Fahrrad fahren - a merge cu bicicleta
Fall, der - căzătură
fallen - a cădea
Fallschirm, der - parașută
Fallschirmspringer, der - parașutist
Fallschirmspringerpuppe, die - parașutist umplut (cu paie)
falsch - incorect, greșit
Familie, die - familie
Familienstand, der - stare civilă
fangen - a prinde
Feier, die - ceremonie
Feld, das - câmp
Fenster, das - fereastră; Fenster, die - ferestre
Fernseher, der - televizor
fertig - gata, terminat
Feuer, das - foc
feuern - a concedia
fiel - căzu
Film, der - film. Der Film dauert mehr als 3 Stunden. - Filmul durează mai mult de trei ore.
Finanzwissenschaft, die - finanțe
finden - a găsi
Firma, die - firmă
Firmen, die - firme
fließend - fluent
flog weg - zbură
Flugschau, die - spectacol aerian
Flugzeug, das - avion
Fluss, der - flux
Formular, das - formular
fortführen - a continua
Fortsetzung folgt - va continua
Foto, das - poză
Fotograf, der - fotograf
fotografieren - a fotografia
Fragebogen, der - chestionar
Frau, die - femeie
Fräulein - domnișoară
frei - liber
freisetzen - a elibera

Freizeit, die; freie Zeit - timp liber
fremd - străin
Freund, der - prieten
Freundin, die - prietenă
freundlich - prietenos
froh - bucuros
Frühstück, das - mic dejun
frühstücken - a lua micul dejun
fuhr - conduse
fuhr los - începu (să conducă), plecă
führen - a duce la ceva
Führer, der - conducător, lider
Führerschein, der - carnet de conducere
füllen - a umple
fünf - cinci
fünfundzwanzig - douăzeci şi cinci
fünfzehn - cincisprezece
für - pentru
Fuß, der - picior
füttern - a hrăni
gab - dădu
Garten, der - grădină
Gas, das - gaz
Gast, der - musafir
Gastfamilie, die - familie gazdă
Gastgeber, der - gazdă
geantwortet - a răspuns
gearbeitet - a lucrat
geben - a da
gebracht - a luat
gefallen - a plăcea; Das gefällt mir. - Îmi place.
gefragt - a întrebat
Gefühl, das - sentiment
gefunden - găsit
gegen - împotriva
Geheimnis, das - secret
gehen - a merge; Ich gehe zur Bank. - Eu merg la bancă.
gelb - galben
Geld, das - bani
genau zuhören - a asculta cu atenţie
Genesung, die; Rehabilitation - reabilitare
geöffnet - deschis
gerufen - a strigat
gesäubert - curăţat
Geschichte, die - poveste
Geschlecht, das - sex
geschlossen - închis
Geschwindigkeit, die - viteză

Gesicht, das - faţă
gestern - ieri
gestohlen - furat
gesund pflegen - a reabilita
Gesundheit, die - sănătate
getanzt *(part.)* - a dansat
getroffen, kennengelernt - întâlni, a întâlnit
gewöhnlich - obişnuit
Glas, das - pahar
glauben - a crede
Gleiche, der / die / das - acelaşi
gleichzeitig - în acelaşi timp
Glück, das - fericire
glücklich - fericit
grau - gri
grauhaarig - cărunt
groß / größer / am größten - mare / mai mare / cel mai mare
größer - mai mare
grün - verde
Grund, der - motiv
Gummi, der - cauciuc
gut, alles klar - bun, bine
Haar, das - păr
haben - a avea
halb - jumătate
hallo - salut
Handarbeit, die - lucru manual
Handschellen, die - cătuşe
Handy, das - telefon mobil
hassen - a urî
hatte, gehabt - avu, a avut
Haupt, zentral - central
Haus, das - casă
Hausaufgaben, die - teme de casă
Haustier, das - animal de casă
heimlich - în secret
helfen - a ajuta
Helfer, der - ajutor, asistent
Herausgeber, der - editor
Herd, der - cuptor
Herr, Hr. - domnul, Dl.
herstellen - produce
heulend - urlând
heute - azi
Hey! - Hei!
hier (Ort) - aici; hier ist - aici este
Hilfe, die - ajutor
hindurch - prin

hinter - în spate
(hinunter) schlucken - a înghiți
hoch - înalt
hochachtungsvoll - cu stimă
Hof, der - curte
hoffen - a spera
Hoffnung, die - speranță
hören - a asculta
hörte, gehört - auzi, a auzit
Hose, die - pantaloni
Hotel, das - hotel
Hotels, die - hoteluri
Hund, der - câine
hundert - sută
hungrig - înfometat; Ich habe Hunger. - Îmi este foame.
Hut, der - pălărie
ich - eu; Ich höre Musik. - Eu ascult muzică.; Ich kann lesen. - Eu pot citi.
Idee, die - idee
ihm - lui
ihr - al ei, al lor; ihr Buch - cartea ei
Imbiss, der - gustare
immer - mereu
in - în, înăuntru
in der Nähe - aproape
in der Zwischenzeit - între timp
Information, die; die Angabe - informație
informieren, mitteilen - a informa
informierte, mitgeteilt - informă, a informat
Ingenieur, der - inginer
Inserat, das - anunț
intelligent - inteligent
interessant - interesant
irgendwelche - oricare
ja - da
Jacke, die - geacă
Jahr, das - an
jeder, jede, jedes - fiecare
jemand - cineva
jener, jene, jenes - acela
jetzt, zurzeit, gerade - acum
Journalist, der - jurnalist
jung - tânăr
Junge, der - băiat
Kabel, das - cablu
Kaffee, der - cafea
Kaffeemaschine, die - filtru de cafea
kalt - rece

Kälte, die - răcoare
kam, gekommen - veni, a venit
Kanada - Canada
Kanadier - canadian
Känguru, das - cangur
Kapitän, der - căpitan
Karte, die - hartă
Kasse, die - casierie
Kätzchen, das - pisicuță
Katze, die - pisică
kaufen - a cumpăra
kennen, wissen - a şti
kennengelernt - (el/ea) află despre
Kessel, der - ceainic
Kilometer, der - kilometru
Kind, das - copil
Kinder, die - copii
Kindergarten, der - grădiniță
Kiste, die - cutie
klar, sicher - desigur
Klasse, die - clasă
Klassenzimmer, das - sală de clasă
Kleidung, die - îmbrăcăminte
klein - mic
Klingeln, das - sunet; klingeln - a suna
klingelte - a sunat
Knopf, der - buton
kochend - care gătește
Kollege, der - coleg
kommen / gehen - a veni / a pleca
kommen in - a intra în
können - a putea
könnte, kann - ar putea
Kontrolle, die - control
kontrollieren - a verifica
Koordination, die - coordonare
Kopf, der - cap
Kopfarbeit, die - muncă mentală
korrigieren - a corecta
kosten - a costa
kreativ - creativ
Krieg, der - război
Kristall, das - cristal
Krug, der - ulcior
Küche, die - bucătărie
Kunde, der - client
Kunst, die - artă
Künstler, der - artist
Kurs, der - curs

kurz - scurt
küssen - a săruta
Küste, die - mal, ţărm
Lächeln, das - zâmbet; lächeln - a zâmbi
lächelte, gelächelt - zâmbi, a zâmbit
lachen - a râde
laden - a încărca; Laden, der - magazin; Läden, die - magazine
Land, das - ţară
landen - a ateriza
lang - lung
langsam - încet
Laser, der - laser
lass uns - lasă-ne
lassen - a lăsa
Lastwagen, der - camion
laufen - a alerga
laut - tare
Leben, das - viaţă; leben, wohnen - a trăi
lebte - trăise
lecker - gustos
ledig - necăsătorit
leer - gol
Lehrer, der - profesor
leicht - uşor
leid tun - a-i părea rău; Es tut mir leid. - Îmi pare rău.
leise - în linişte, încet, silenţios
lenken - a dirija, a mâna (vehicule)
lernen - a învăţa
lesen - a citi
lesend - care citeşte
Liebe, die - iubire
lieben - a iubi
lieber, liebe - drag, dragă
Lieblings - preferat
Lieblingsfilm, der - film preferat
liebte, geliebt - iubi, a iubit
links - stânga
Liste, die - listă
Lösung, die - răspuns
Löwe, der - leu
Luft, die - aer
lustig - amuzant
Mach dir keinen Kopf! - Nu-ţi face griji!
machen - a face; sauber machen, putzen - a face curat
machte an - porni
Mädchen, das - fată

Mama, die Mutter - mamă
manchmal, ab und zu - uneori
Mann, der - bărbat
Männer, die - bărbaţi
männlich - masculin, bărbătesc
Mannschaft, die - echipă
Maschine, die - maşină
Matratze, die - saltea
medizinisch - medical
Meer, das - mare
mehr - mai mult
mein, meine - al meu
Mensch, der - om
Menschen, die - oameni
Metall, das - metal
Meter, der - metru
Methode, die - metodă
mich - pe mine
Miezekatze, die - piscuţă
Mikrofon, das - microfon
Minute, die - minut
mit - cu
Mitglied, das - membru
Möbel, die - mobilă
mögen, lieben - a plăcea, a iubi
möglich - posibil
Möglichkeit, die - posibilitate
Moment, der - moment
monoton - monoton
Montag - luni
Mörder, der - asasin
Morgen, der - dimineaţă; morgen - mâine
Motor, der - motor
müde - obosit
Musik, die - muzică
müssen - trebuie; Ich muss gehen. - Trebuie să plec.
Mutter, die - mamă
Muttersprache, die - limbă maternă
nach - după
nach unten - jos
Nachbar, der - vecin
nächste - cea mai apropiată, următoarea
Nacht, die - noapte
nahe - (pe) aproape
Nähe, die - apropiere
näher - mai aproape
nahm - luă
Name, der - nume; nennen - a numi

Nase, die - nas
nass - ud
Nationalität, die - naționalitate
Natur, die - natură
natürlich - desigur
nehmen - a lua
nein, nicht - nu
neu - nou
neun - nouă
neunter - al nouălea
nicht dürfen - nu trebuie să
nichts - nimic
nie - niciodată
niemand - nimeni
noch, weiterhin - încă
noch einen - încă unul
Nordamerika und Eurasien - America de Nord
   și Eurasia
normal - normal
normalerweise - în mod normal
Notiz, die - notiță
Notizbuch, das - caiet de notițe
Notizbücher, die - caiete de notițe
Nummer, die - număr
nur - doar
ob - dacă
obwohl, trotzdem - deși
öffnen - a deschide
öffnete - deschise
oft - adesea
Oh! - O!
ohne - fără
Ohr, das - ureche
okay, gut - bine
Öl, das - ulei
Panik, die - panică; in Panik versetzen - a se
   panica
Papa - tată
Papier, das - hârtie
Park, der - parc
Parks, die - parcuri
passend - potrivit
passieren - a se întâmpla
passiert - întâmplat
Patrouille, die; die Streife - patrulă
Pause, die - pauză
Person, die - persoană
Personalabteilung, die - departamentul de
   resurse umane

persönlich - personal
Piepton, der - bip
Pilot, der - pilot
Plan, der - plan
planen - a planifica
Planet, der - planetă
Platz, der - loc, piață
plötzlich - subit
Polen - Polonia
Polizei, die - poliția
Polizeihauptmeister, der - sergent
Polizist, der - polițist
Position, die - poziție
Preis, der - preț
pro Stunde - pe oră
Problem, das - problemă
Programm, das - program
Programmierer, der - programator
prüfen - a testa, a verifica
Prüfung, die - test, examen
Publikum, das - public
Puppe, die - păpușă
Rad, das - roată
Radar, der - radar
Radio, das - radio
rasen - a accelera, a goni
Raser, der - vitezoman
raste - (el/ea) goni
Rätsel, das - mister
Ratte, die - șobolan
Raumschiff, das - navetă spațială
rechts - dreapta
Rede, die - discurs
Regel, die - regulă
Regen, der - ploaie
reiben - a freca
reisen - a călători
rennen, joggen, laufen - a fugi
Reporter, der - reporter
retten - a salva
Rettungsdienst, der - serviciul de salvare
Rettungstrick, der - cascadorie de salvare a
   vieții
richtete - ținti
richtig - corect
riefen an - au sunat
rot - roșu
round vielseitig, alles könnend - toate
Rubrik, die - rubrică

rufen - a chema
rund - rotund
Saatgut, das - sămânță
sagen - a spune
sagte - spuse
sah, schaute, geschaut - privi, a privit
sahen - văzură
Samstag, der - sâmbătă
Sand, der - nisip
Sandwich, das - sandviș
Satz, der - propoziție
sauber - curat
schauen, betrachten - a se uita
schaukeln - a legăna
schickte - (el/ea) trimise
Schiff, das - vapor
schlafen - a dormi
schlagen - a bate
Schlange, die - rând
schlau - șiret, viclean
schlecht - rău
schließen - a închide
schließlich - în sfârșit
Schlüssel, der - cheie
schnell - rapid
schon - deja
schön - drăguț
schoss, angeschossen - împușcă, a împușcat
schreiben - a scrie
Schreibtisch, der - birou
schrieb - (el/ea) scrise
Schriftsteller, der - scriitor
Schritt, der - pas
Schule, die - școală
schütten, gießen - a turna
Schwanz, der - coadă
schwarz - negru
schwer - greu
Schwertwal, der - balena ucigșă
Schwester, die - soră
schwimmen - a înota
sechs - șase
sechster - al șaselea
sechzig - șaizeci
See, der - lac
sehen - a vedea
sehr - foarte
sein, seine - a fi, al lui; sein Bett - patul lui
seit - de când

Sekretärin, die - secretară
selten - rar
Serie, die - serial
setzen - a pune (pe un scaun, etc.)
sich anziehen - a se îmbrăca
sich bewerben - a candida
sich entschuldigen - a-și cere scuze
sich hinsetzen - a se așeza
sich kennen - a se cunoaște reciproc
sich kümmern um - a se ocupa de
sich schämen - a-i fi rușine
sich Sorgen machen - a-și face griji
sich umsehen - a se uita împrejur
sich unterhalten - a (se) conversa
sich verstecken - a se ascunde
Sicherheitsgurt, der - centură de siguranță
sie - ea, ei
sieben - șapte
siebter - al șaptelea
siebzehn - șaptesprezece
singen - a cânta; der Sänger - cântăreț
Sirene, die - sirenă
Situation, die - situație
Sitz, der - loc
so oft wie möglich - cât de des posibil
sofort - imediat
Sohn, der - fiu
sorgfältig - grijului
Spaniel, der - spaniel
spanisch - spaniol
Spaß, der - distracție
Spaß haben, genießen - a se bucura
spielen - a se juca
Spielzeug, das - jucărie
Sport, der - sport
Sportfahrrad, das - bicicletă sport
Sportgeschäft, das - magazin de articole
    sportive
Sprache, die - limbă
sprechen - a vorbi
springen - a sări; der Sprung - salt, săritură
Stadt, die - oraș
Stadtzentrum, das - centrul orașului
Stand, der - stare
Standard, der, Standard - standard
starb - muri
stark - puternic
Stärke, die - putere
stattdessen - în loc, în schimb

Stechmücke, die - ţânţar
Steh auf! - Ridică-te!
stehen - a sta (în picioare)
stehlen - a fura
Stein, der - piatră
sterben - a muri
Stern, der - stea
Sternchen, das - asterisc
Stift, der - pix
Stifte, die - pixuri
Stimme, die - voce
stinkend - mirositor
stoßen, ziehen - a împinge, a trage
Straße, die - stradă
Straßen, die - străzi
Strom, der - curent
Student, der - student
Studenten, die - studenţi
Studentenwohnheim, das - cămin studenţesc
studieren - a studia
Stuhl, der - scaun
Stunde, die - oră
stündlich - din oră în oră
super, toll - grozav
Supermarkt, der - magazin
Tablette, die - pastilă
Tag, der - zi
täglich, jeden Tag - zilnic
Tanker, der - tanc petrolier
tanzen - a dansa
tanzend - dansând
Tasche, die - buzunar, geantă
Tasse, die - ceaşcă
Tastatur, die - tastatură
tat - făcu
tausend - mii
Taxi, das - taxi
Taxifahrer, der - şofer de taxi
Tee, der - ceai
Teil, der - parte
teilnehmen - a lua parte
Teilnehmer, der - participant
Telefon, das - telefon
Telefonhörer, der - receptor
telefonieren - a telefona
Teller, der - farfurie
Text, der - text
Tier, das - animal
Tierarzt, der - veterinar

Tiger, der - tigru
Tisch, der - masă
Tische, die - mese
Tochter, die - fiică
tödlich - mortal
Toilette, die - toaletă
tötete, getötet *(part.)* - omorî
trainieren - a se antrena
trainiert - antrenat
Transport, der - transport
trat - călcă
Traum, der - vis
träumen - a visa
traurig - trist
treffen, kennenlernen - a întâlni
treiben - a pluti
Treppe, die - scară
Tresor, der - seif
treten - a păşi
Trick, der - truc
trinken - a bea
trocken - uscat
trocknen - a usca
tschüss - pa
Tür, die - uşă
über - peste
Überfall, der - jaf
übergreifen - a se extinde
überraschen - a surprinde
überrascht, verwundert - surprins
Überraschung, die - surpriză
Übersetzer, der - traducător
übrigens - apropo
Uhr - oră; Es ist zwei Uhr. - Este ora două.
Uhr, die - ceas
um eins - la ora unu
um halb neun - la opt jumate
Unfall, der - accident
ungerecht - incorect
Universität, die; die Uni - universitate
uns - nouă
unser - al nostru
unter - sub
unterstreichen - a sublinia
USA - SUA
usw. - etc.
Vater, der - tată
Verbrecher, der - criminal
verdammt - la naiba

verdienen - a câștiga; Ich verdiene zehn Dollar pro Stunde. - Câștig 10 dolari pe oră.
Verein, der - club
Vereinbarung, die - înțelegere, acord
Vereinigten Staaten, die; die USA - SUA
Verfolgung, die - urmărire
vergessen - a uita
verkaufen - a vinde
Verkäufer, der, die Verkäuferin - vânzător, vânzătoare
Verlader, der - încărcător
Verlag, der - editură
verlassen - a părăsi
verlieren - a pierde
verschieden - diferit
verstanden - a înțeles
Versteckspiel, das - de-a v-ați ascunselea
versteckte - ascunse
verstehen - a înțelege
versuchen - a încerca
versuchte - încercă
verwirrt - confuz
Videokassette, die - casetă video
Videothek, die - videotecă
viel, viele - mult, multe
viel zu tun haben - a avea mult de lucru
vier - patru
vierter - al patrulea
vierundvierzig - patruzeci și patru
Vogel, der - pasăre
voll - plin
vor - în urmă, înainte, în fața
vor allem - mai ales
vor einem Jahr - cu un an în urmă
vorbei - (a trece) pe lângă
vorbereiten - a pregăti
Vorderräder, die - roțile din față
vorgeben - a pretinde
vorn - în fața
vorsichtig - cu grijă
wackelte - zgâlțâi
Waffe, die - pistol
wählen, aussuchen - a alege
während - în timp ce
Wal, der - balenă
war - a fost
waren - erau, au fost
warm - cald
warten - a aștepta

wartete - aștepta
was, welcher / welche / welches - ce
Was ist das? - Ce-i asta?
Was ist los? - Care este problema?
waschen, putzen - a spăla
Waschmaschine, die - mașină de spălat
Wasser, das - apă
Wasserhahn, der - robinet
Website, die - site
Weg, der - drum; weg - departe, plecat
weggehen - a pleca
weglaufen - a fugi
weiblich - feminin
weil - pentru că
weinen, schreien, rufen - a plânge, a urla
weiß - alb
weit - departe, larg
weiter - mai departe
weiter schauen - a continua să privească
Welcher Tisch? - Care masă?
Welle, die - val
Welpe, der - cățeluș
Welt, die - lume
Weltall, das - spațiu
wenig - puțin
weniger - mai puțin
wenigstens - măcar
wenn - când
wer - cine
Werbung, die - reclamă
werden - a deveni, a se face
wessen - al căruia
Wetter, das - vreme
wichtig - important
wie - cum
wieder - din nou
Wind, der - vânt
wir - noi
wirklich - chiar, real, serios
wo - unde
Woche, die - săptămână
wohnhaft - domiciliat, care locuiește
wollen - a vrea
wollte - voia, a vrut
Wort, das; die Vokabel - cuvânt
Wörter, die; die Vokabeln - cuvinte
wortlos - fără cuvinte
wunderbar - minunat
wunderschön - minunat

wusste - (el/ea) știu
wütend - furios
zahlen - a plăti
Zebra, das - zebră
zehn - zece
zehnter - al zecelea
zeigen - a arăta
zeigte - arătă
Zeit, die - timp
Zeitschrift, die - revistă
Zeitung, die - ziar
Zentrum, das - centru
zerstören - a distruge
ziehen - a trage
ziemlich - destul de
Zimmer, das - cameră; Zimmer, die - camere
zittern - a tremura

Zoo, der - grădină zoologică
zu Fuß - pe jos
Zug, der - tren
Zuhause, das - casă; nach Hause gehen - a merge acasă
zukünftig - viitor
zum Beispiel - de exemplu
zurück - înapoi
zusammen - împreună
zwanzig - douăzeci
zwei - doi
zweimal - de două ori
zweite Name, der - prenume
zweiter - al doilea
zwischen - între
zwölf - doisprezece

Buchtipps

Das Erste Rumänische Lesebuch für Anfänger
Zweisprachig mit Rumänisch-deutscher Übersetzung
Stufen A1 A2

Das Buch enthält einen Kurs für Anfänger und fortgeschrittene Anfänger, wobei die Texte auf Deutsch und auf Rumänisch nebeneinanderstehen. Die Motivation des Schülers wird durch lustige Alltagsgeschichten über das Kennenlernen neuer Freunde, Studieren, die Arbeitssuche, das Arbeiten etc. aufrechterhalten. Die dabei verwendete Methode basiert auf der natürlichen menschlichen Gabe, sich Wörter zu merken, die immer wieder und systematisch im Text auftauchen. Sätze werden stets aus den im vorherigen Kapitel erklärten Wörtern gebildet. Das zweite und die folgenden Kapitel des Anfängerkurses haben nur jeweils etwa dreißig neue Wörter. Die Audiodateien sind auf www.lppbooks.com/Romanian/index_de.html inklusive erhältlich.

Das Erste Rumänische Lesebuch für Anfänger Band 2
Zweisprachig mit Rumänisch-deutscher Übersetzung
Stufe A2

Dieses Buch ist Band 2 des Ersten Rumänischen Lesebuches für Anfänger. Das Buch enthält einen Kurs für Anfänger und fortgeschrittene Anfänger, wobei die Texte auf Rumänisch und auf Deutsch nebeneinanderstehen. Die dabei verwendete Methode basiert auf der natürlichen menschlichen Gabe, sich Wörter zu merken, die immer wieder und systematisch im Text auftauchen. Sätze werden stets aus den im vorherigen Kapitel erklärten Wörtern gebildet. Die Audiodateien sind auf www.lppbooks.com/Romanian/index_de.html inklusive erhältlich.

Das Zweite Rumänische Lesebuch
Zweisprachig mit Rumänisch-deutscher Übersetzung
Stufen A2 B1

Ein Privatdetektiv ist hinter Räubern her. Ehemaliger Luftwaffenpilot, entdeckt er einige Seiten in der menschlichen Natur, mit denen er nicht zurechtkommen kann. Neue Worte werden im Buch von Zeit zu Zeit wiederholt, dadurch können Sie sich leichter an sie erinnern. Dabei helfen Ihnen die deutschen Übersetzungen und Paralleltexte. Die Audiodateien sind auf www.lppbooks.com/Romanian/index_de.html inklusive erhältlich.

www.ingramcontent.com/pod-product-compliance
Lightning Source LLC
Chambersburg PA
CBHW080345170426
43194CB00014B/2694